ちくま文庫

母のレシピノートから

伊藤まさこ

筑摩書房

NOTE BOOK
made of papar
Specially prepared in Tokyo

まえがき

手元にある一冊の古ぼけた大学ノート。背は破けて、紙もずいぶん黄ばんで、「伊藤靖子」と書かれた文字のインクもあせたり、にじんだりしています。でも、これは私の母にとって、そして私にとっては宝物のように大切なもの。だって四十年以上も前から母が作ってきた料理の、レシピノートなのですから。

ちょっとでも乱雑に扱うと、バラバラになってしまいそうなこのノートのページを丁寧に丁寧に繰っていくと、「パウンドケーキ」、「スパゲティミートソース」など、子供の頃に食べた懐かしい味の記憶がよみがえります。ここに書かれた料理やお菓子で私は大きくなったんだなあと思うと、いとおしささえ覚えます。そしてもちろん、今の私の料理の原点も、この中に。

最近はすっかり作らなくなったけれど、昔はよく食べたなあなんていうメニュー、盛り付けや作り方に時代を感じる料理などもいろいろあります。でもそれだけでなく、最近覚えた「ベトナム風生春巻き」のレシピや、新聞に載っていて気になった料理などもいくつも書き加えられていて、つねに新しいものを取り入れようとする母の姿も同時に見えてくるのです。

母のこのノートを見ていると、日々の繰り返しの中でくすみもせず、無理もせず、自分が楽しいと思うことを見出して暮らしてきたんだなあと、改めて思うのです。そして自分も母親となった今では、レシピだけではなく、その母のありよう自体もまねしてみたいと思うようになってきました。

この本では、私が小さい頃から食べてきた懐かしい味を母から教わりながら作っています。まだまだかなわないことばかりですが、これからは自分がバトンタッチして作り続けていきたい、自分と同じように娘にも食べさせてやりたいと思う料理を集めたつもりです。メニューを見ればきっとどれも、我が家に限らず、この時代のどこの家庭にも共通している部分が多いのではないでしょうか。読みながら、「そうそう、うちもこんな感じだった」なんて思ってもらえるとうれしいなあと思っています。

母のレシピノートから　目次

まえがき　4

春

かごを持って野草摘みに　16
厚焼き卵　19
鶏のバター焼きと菜の花いため　21
うさぎの器　24
カナッペ　26
クラムチャウダー　28
いちごの季節　31
ゆで卵入りコロッケ　36
パイナップルとチェリーのケーキ　39
母から譲り受けたお菓子道具　44

夏

胡春と梅ジュース　50
にんにくみそを仕込む　52
みんなが集まる日はパエリア！　55
ラムチョップ焼き　60
ズッキーニとカラーピーマンの素揚げ　62
たたききゅうり　65
豚ばらとごぼうの赤だし　67
素揚げして作るラタトゥイユ　71
フルーツポンチの思い出　76
すいかのランタン　80
台所仕事　82

秋

特製ドライフルーツケーキ　88
天ぷらの前のお楽しみ　ゴロゴロドーナツ　91
レバーペーストはたくさん作っておすそ分け　93
持ち手つき唐揚げ　96
ラード入りチャーハン　98
母の旅土産　ライヨール村のナイフ　100
餃子包みは楽しい　102
さいの目じゃがいも入りロールキャベツ　107
じゃがいものグラタン　110
焼き豚のまとめ作り　112
お気に入りの黄色いお鍋　114

冬

冬の定番 りんごのお菓子 121
ゆずを楽しむ 123
ポタージュスープ 126
クリスマスの飾り 128
二度おいしい きのこ入り鶏の丸焼き 130
おせち 私は黒豆ときんとんの係 136
お正月の母の定番 牛のたたき 139
漆器を使う日 141
ガレット・デ・ロワ 143
シチューは無水鍋で 146
お肉じゅうじゅう開催！ 151

その後の母のレシピ

なすとツナのパスタ　158
ミートボール入りミートソース　160
おふくろの味って？　162
バターは伊藤家の必需品　164
カレーの極意　166
朝食はトーストにエスプレッソ　168
いつもきれいに　170
煮込みハンバーグ　172
シャンパンの栓で作る椅子　174
鮭チャーハン　176
豚肉のソテー　178
グリーンフィンガー　180
興味を持つ　182
ホットサンドメーカー　184
台所　186

★レシピ中の計量の単位は、カップ１＝２００ml、大さじ１＝15ml、小さじ１＝５mlです。
また、材料は、特別に表示のない場合は、すべて４人分です。
★ジャムなどの保存食は、熱湯消毒をして水けをよく拭いた容器に入れてください。
取り出すときも、乾いた清潔なスプーンなどを使ってください。
★扉の写真は、母、靖子さんが刺繡をした手作りの作品。
春、夏、秋／まさこさんが小学生の頃、給食のときに使っていたナプキン。縁《ふち》のレースも手でかがられている。

冬／孫の胡春ちゃんのために靖子さんが作ったよだれかけ。

春

かごを持って野草摘みに

［つくしのバターいため］
材料
つくし・・適量
バター・・適量
塩、こしょう・・各適量
作り方
①つくしは洗ってはかまを取り、塩水につけてあくぬきをする。
②フライパンを温めてバターを薄くひき、つくしをいためる。バターがからみ、しんなりしたら、塩、こしょうで味をつける。

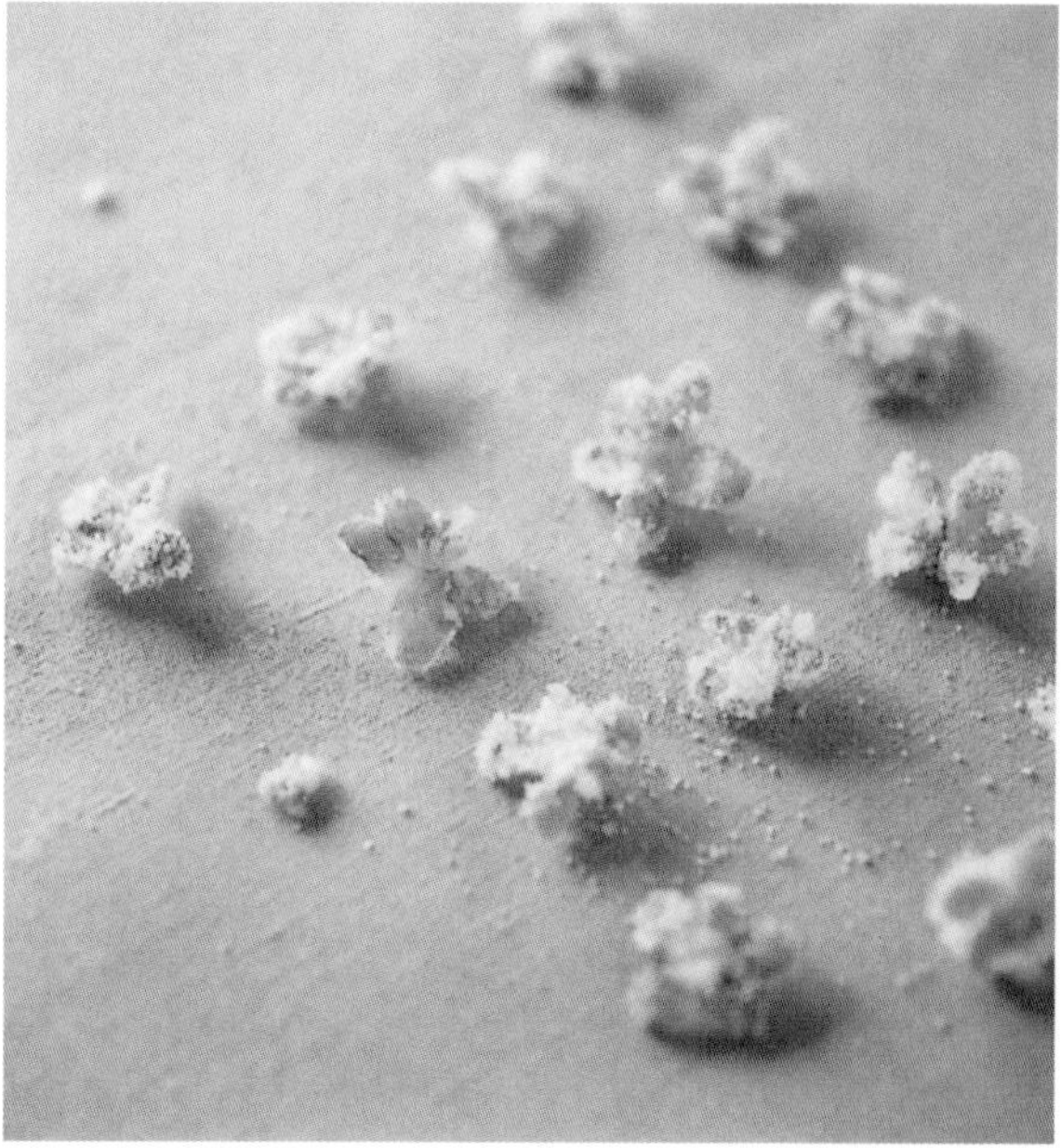

［スミレの砂糖がけ］

材料
スミレ・・適量
卵白・・1個分
グラニュー糖・・適量

作り方
①スミレはきれいなものを摘み、茎を取る。
②卵白を軽く泡立て、刷毛を用いて丁寧に、薄くまんべんなくスミレに塗る。
③グラニュー糖をまぶし、ざるに広げ、日陰で干す。

横浜の実家の周りには、今も結構自然が残っています。散歩をするにはぴったりのところなので、子供の頃から母と二人で、またときには飼っていた犬のミッキーといっしょに、よく近所を歩きました。

散歩には、四季折々の楽しみ方があり、春は野草摘みの季節でした。

春先になると芹《せり》が生える場所があって、味は苦手だったけれど摘むのは楽しくて、一所懸命摘んで母へのお土産にしました。シロツメクサが咲く時期には冠を作り、レンゲの季節にはレンゲの首飾り。そして、スミレの花が咲くと、摘んで砂糖がけにしました。何かの本で見たのでしょうか。これは小学生の頃から一人で作っていました。はかなげな花がキラキラした砂糖に覆われた様子はなんともかわいらしく、食べるよりも、ひとしきり眺めていたものです。

かわいいつくしが食べられることを知ったときは、びっくりしました。火を通すとほんの少しになってしまうので、摘んで、はかまを取って、という手間を考えると、労力に見合わない食べ物でしたから、それはそれは大事に食べました。だって、自分で摘んできたものが食べられるってすごいなあ、と思っていたからです。

あの頃の私は、今の娘と同じくらいだったけれど、のびのびしていたなあと思います。

今の子供たちにもぶらぶら歩いたり、摘み草をしたりを楽しませてあげたいなあ。

厚焼き卵

材料
卵・・6個
かつおのだし汁・・80㎖
砂糖・・大さじ5
酒・・大さじ2
しょうゆ・・小さじ2
塩・・小さじ⅔
サラダ油・・適量

作り方
①ボウルに卵を割り入れて溶きほぐし、だし汁と調味料を加えてよくかき混ぜる。
②卵焼き器を熱してサラダ油をひき、なじませる。
③②に①をお玉1杯分くらい流し入れ、中火で焼く。表面がふくらんできたら菜箸でつついて空気を抜き、半熟程度に火が通ったところで手前に巻いていく。
④油を適宜足して、キッチンペーパーで均一になじませながら、③を数回繰り返して焼きあげる。

母が厚焼き卵を作っている様子をじっと見ているのがとても好きで、「どうやったらこんなにおいしそうに焼けるんだろう?」と、いつも思っていました。何度も繰り返し作っているからか、動作に迷いがありません。途中で、「ちょっと不格好になっているかな?」とか「もしかして焼きすぎ?」と心配になることもあるけれど、結局、最終的にはちゃんといつものおいしそうな厚焼き卵ができあがって、脚つきのまな板のようなものの上に、堂々とのせられているのです。

おひな祭りのときのちらし寿司でも、うちは錦糸卵ではなく、この厚焼き卵が長細く切られて入っていました。ボリュームがあるせいか、ちらし寿司の中で卵の存在感はとても大きく、同じ大きさに切ってあるまぐろのづけとも、相性、バランスともにちょうどよい感じでした。大きくなって、普通のちらし寿司を知ってからも、「錦糸卵より絶対こっちのほうがおいしいよね」と、姉たちともども言い合っていたものです。

鉄製の卵焼き器は、使ったあと母が必ず手入れをしています。油をしみ込ませたキッチンペーパーを菜箸の先に当ててきれいに拭き取っていくのです。この最後の作業があるからこそ、あの、いい感じの焼き具合が生まれ、また私も、「なんでもガシガシと洗わない」とか、「使ったらすぐきれいにしてからしまう」ということを自然と覚えたのだと思います。黒光りした卵焼き器には、母の繰り返しの作業が刻まれているのです。

鶏のバター焼きと菜の花いため

材料
鶏もも肉・・2枚
菜の花・・2束
塩、こしょう・・各適量
バター・・大さじ2〜3
オリーブ油・・大さじ2

作り方
①鶏肉はひと口大に切り、塩、こしょうをふってよくもみ込んでおく。菜の花は茎と葉に切り分け、しばらく冷水にはなしてからざるにあげ、4〜5㎝に切っておく。
②中華鍋にバターを入れて中火にかけ、皮目を下にして鶏肉を入れる。焦げ目がついてきたら裏返し、ふたをして火が通るまでよく焼く。
③鶏肉を取り出した鍋にオリーブ油を足し、菜の花を茎、葉の順に加えてさっといためる。塩、こしょうで味をととのえる。

ずっと昔から、母が使っている調味料はスーパーで売っている普通の塩やこしょう。でも、それで十分おいしい。立派な家庭料理の味です。

「オリーブオイルはここのでないと」とか、「うまみのある塩はこれ」とか、材料を吟味したり、こだわったりするのも、確かに料理をおいしくする大事な要素です。でも、何度も作って素材を知ったり、火加減を肌で感じたりということのほうが、もっと基本として大切なのかもしれません。そして、手に入りやすい素材で肩ひじはらずに、でも心を込めて丁寧に作る。家で作る料理って、それでいいんだと思います。仕事柄、料理に関わる人たちに会ったり、いろんな本を読んだりしすぎて、ちょっと頭でっかちになっていたのかもしれないと、改めて母の料理を見て反省してしまいました。

そうは言っても、塩とこしょうだけで味つけしてバターでソテーしただけの、このシンプル極まりない一品は、私にはとうてい作れません。母が作らないと、なぜかおいしくできない。これはやっぱり、家庭料理を作り続けてウン十年の腕だからなのでしょう。

この鶏には、断然いためた菜の花！　相性抜群で、いくらでも食べられます。ごはんにも合うけれど、私はきりっと辛い白ワインとの組み合わせが気に入っています。もちろん、作るのは母。私はワインを飲みながら待っていて、「できたー？」なんてのんきに尋ねるのです。実家に帰ったときだけの、小さな贅沢《ぜいたく》です。

24

うさぎの器

なんとなく話していて気が合うなあとか、雰囲気が好きだなあと感じる人は、なぜかうさぎ年生まれの率が高い……。私は戌年なのでうさぎ年は七歳上か五歳年下。つまり、ちょうどまん中あたりに位置しているということになります。そして、娘もうさぎ年。自分の戌年も気に入ってはいましたが、断然うさぎのほうがかわいい。それで、なんとなくうさぎのものに目がいくようになってきました。洋風のモチーフなどもいろいろあるけれど、私の好みは和のもの。型抜き、手ぬぐい、和紙、そして染め付けの器などです。この染め付けの器は、骨董屋さんで手に入れました。右側はうさぎがさりげなく隠れるように描かれている、日本のもの。左側は中国のものなのですが、実は日本のもののほうに描かれているうさぎは、こちらの絵を模したものなんだとか。あんまりかわいらしくない顔が、気に入っています。

「うさぎのものを集めている」と、ことあるごとに人に話していたら、「あそこにかわいいお皿があったよ」などと、みんながうさぎ情報を教えてくれるようになりました。母も「鎌倉の骨董屋さんでこんなの見つけた」と言ってうさぎの小皿を買ってきてくれました。こんなふうに、私や娘のことをたくさんの人が気にかけていてくれるというのは、本当にありがたいなあ、と思います。いろんな人の気持ちによってちょっとずつ増えていくうさぎのもの。娘が大人になったら、そんな話とともに渡そうと思っています。

26 カナッペ

材料
ゆで卵、むきえび、キャビア、カマンベールチーズなどの好みのトッピング・・各適量
マヨネーズ、塩、こしょう・・各適量
クラッカー・・適量
バター・・適量
好みのハーブ・・適量

作り方
①クラッカーにバターを薄く塗っておく。
②むきえびは塩ゆでする。あら熱がとれたらマヨネーズであえ、塩、こしょうをふっておく。
③クラッカーの上に食べやすく切ったトッピングをのせ、好みのハーブを飾る。

今となっては、ちょっと昔風の香りさえする「カナッペ」。うちでは、親戚の集まりとか、お誕生会など何か特別な日には、いつもカナッペを作っていました。しかも、なぜかシルバーのトレイにのせるのが決まりでした。

今回、久しぶりにそのトレイをぜひ使いたかったのですが、母に聞いても「たぶん、屋根裏にある」とかで見つかりませんでした。いつの頃からか、カナッペは作らなくなって、トレイの出番もなくなってしまったのでしょう。生ハムやオリーブなどの食材が手に入りやすくなるとともに、ちょっと大げさな感じのカナッペの前菜は分《ぶ》が悪くなって、我が家の食卓から姿を消してしまったようです。

私は当時、ゆで卵を卵切り器で切るのがとても好きで、殻をむくのは好きではないくせに、こればかりを「やりたい！　やりたい！」と言ってお手伝いしていました。チーズは（私はカマンベールを使ったけれど）、子供の頃は多分プロセスチーズだったと思いますが、キャビアはちゃんと本物を使っていたとか。「勇気を出して、ほんのちょっと買うのよ」と母。もっともこれは大人用で、子供の私は、マーマレードとクリームチーズなどの甘いものしか食べませんでしたけれど。

籐のトレイにオープンサンドを盛ったりと、「外国っぽい」演出をよくしてくれた母。味だけでなく、そんな風景も素敵な記憶として心に残っていくものなんですね。

28

クラムチャウダー

材料
玉ねぎ・・小1個
にんじん・・小1本
じゃがいも・・2個
ブロッコリー・・100g
あさり(殻つき)・・200g
バター・・大さじ2
牛乳・・4カップ
塩・・適量

作り方
①あさりは塩水につけて塩出しをしてから、よく洗っておく。
②玉ねぎはみじん切り、にんじん、じゃがいもは5㎜角に切る。ブロッコリーは、小房に分ける。
③鍋に水400㎖を入れて、あさりを入れて火にかける。殻があいたら取り出して、飾り用以外は殻をはずしておく(ゆで汁は残しておく)。ブロッコリーは塩ゆでしておく。
④鍋にバターを入れて火にかけ、②の玉ねぎ、にんじん、じゃがいもをいため、③のゆで汁を加えて煮る。
⑤野菜がやわらかくなったら牛乳を加え、ブロッコリーとあさりも加えて塩で味をととのえる。

クリーム系よりもトマト系が断然好き。パスタなら、カルボナーラよりもトマトソース。クリームシチューよりもトマトベースのミネストローネ。

そんなわけでうちはどうしても、私好みのトマト寄りの食卓になってしまいます。だから、クリーム系も好きな娘からは、たまに「クラムチャウダーが食べたい」という声が出ます。作ってみると案外おいしいもので、栄養もあるし、温かくなるし、いい食べ物だなあ、なんて再認識したりします。娘はこれをクラッカーといっしょに食べるのが好きで、あっという間に食べ終わるうえ、翌朝起きてもしっかり、「朝ごはんにクラムチャウダーを食べる！」と覚えているところがすごいなあと思います。

私は子供時代からトマト派だったのか、スパゲティはゴロゴロのまんまるミートボール入りのミートソースがうれしかったのですが、たまに作ってもらった、クラムチャウダーがもっとゆるゆるのスープのようになったパスタもおいしかったな、なんてことも思い出しました。牛乳のやさしい味がした記憶があります。

そういえば、ホワイトソースを使ったものも大好きでした。たとえばグラタン。散らした粉チーズとパン粉が程よく焼けてカリカリになった、上の部分だけをすくって食べていました。中のマカロニは熱すぎて、子供の頃はずいぶんふーふーしないと食べられなかったからです。上がカリカリの母のグラタン、なんだか無性《むしょう》に食べたくなってきました。

いちごの季節

［いちごワイン］
材料　作りやすい量
白ワイン（辛口）・・１本
いちご・・１パック（３００g）
はちみつ・・適量

作り方
①いちごは洗って、へたを取る。
②ガラスの容器などに、すべての材料を入れ、冷蔵庫で一晩つけ込む。いちごから色が出て、ワインがピンクになったらいちごは取り出す（いちごは食べません）。

［いちごシロップ］
材料　作りやすい量
いちご・・2パック(600g)
砂糖・・300g

作り方
①いちごは洗って、へたを取る。
②鍋にいちごを入れ、砂糖をかけて一晩おく(汁が出てくる)。
③鍋を弱めの中火にかけ、いちごに軽く火を通す。
④あら熱がとれたら、ざるでこす。

春は、毎日のようにいちごを食べます。赤い実はかわいいし、味も好きです。加熱した果物のおいしさに目覚めてからは、毎年必ずいちごでジャムを作ります。作っている最中の香り、ふつふつとしている鍋の中の様子などもとてもいいものです。今、娘はこのいちごジャムにはまっています。おべんとうには、ジャムを塗ったパンをくるくる丸めたロールサンドを持って行きます。また、ちょっとしょっぱめのクッキーにつけて食べるのも、我が家で流行中。塩味と甘いジャムが、ことのほかよく合うのです。それから、シロップ。これに牛乳を足すと、簡単にいちご牛乳ができあがります。ただし、分離してしまうからすぐに飲まないといけないのですが。それ以外にも、アイスクリームにかけたり、たまには紅茶に入れていちごフレーバーを楽しんだりもします。大人になってからは、大人のいちご味というものがあると知りました。いちごワインです。友だちから教えてもらったレシピなのですが、いちごを一晩白ワインにつけておくと、香りばかりでなく、赤い色もワインに移るのです。これを見ていると、「いちごは食べるばかりでなく、色も楽しむものなんだ」としみじみ思います。ただし、つけておいて色がすっかり抜けたいちごは、決して食べないように。つい「おいしいのでは？」とか「もったいない」などと味見をしてみる人が多いのですが（私もその一人でした）、全然おいしくないのです。いちごのおいしさは、すべてワインに移ってしまっているのですから。

［いちごジャム］

材料　作りやすい量

いちご・・2パック（600g）

砂糖・・350g

レモンのスライス・・・1枚

作り方

①いちごは洗って、へたを取る。

②厚手の鍋にいちごと砂糖を入れて少しなじませ、レモンのスライスを加えて中火にかける。

③煮立ったら弱めの中火にして、あくを取りながら30分くらい煮る。

ゆで卵入りコロッケ

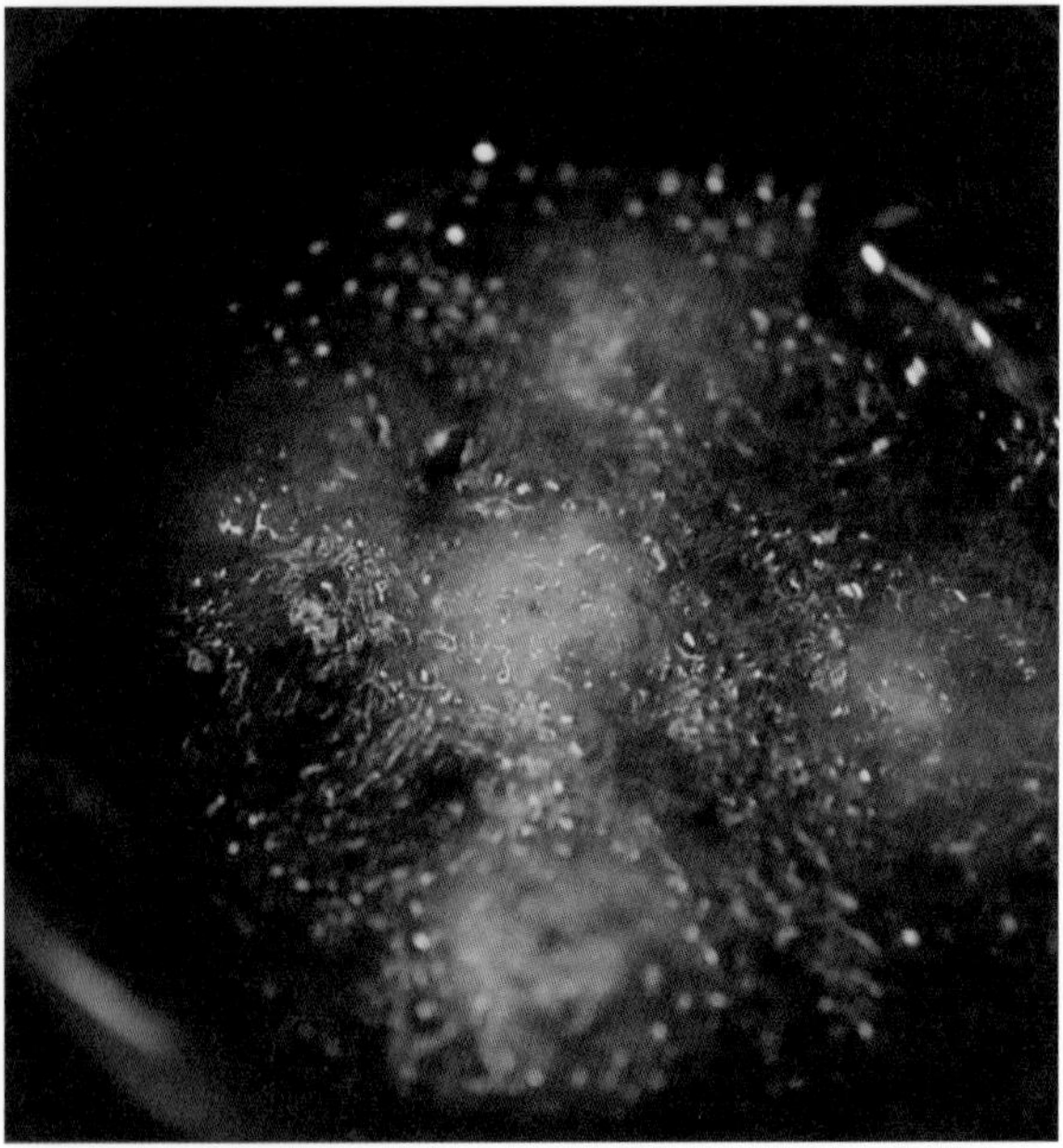

材料
じゃがいも(男爵)・・大5個
卵・・2個
玉ねぎ・・大1個
合いびき肉・・200g
バター・・大さじ2
塩、こしょう・・各適量
薄力粉、溶き卵、パン粉・・各適量
揚げ油、キャベツ・・各適量

作り方
①じゃがいもは皮をむき、4等分くらいに切ってゆでる。ボウルに入れてつぶしておく。
②卵は固ゆでにし、みじん切りにしておく。
③玉ねぎはみじん切りにし、鍋にバターを入れていためる。しんなりしたら、合いびき肉も加え、火が通ったら、塩、こしょうをふる。
④①に②と③を加えてよく混ぜ、

塩、こしょうをふる。
⑤④のたねを12等分にしてまとめ、薄力粉、溶き卵、パン粉の順につけて、こんがりと揚げる。
⑥せん切りにしたキャベツを添え、ソースをかけていただく。

「地味な割には作る工程が多く、やたら面倒なもの」

ずっとコロッケにはこんなかわいそうなイメージを持っていました。だって、じゃがいもをつぶしたり、玉ねぎをいためたり、そのうえ母のレシピでは、卵をゆでてみじん切りにするというプロセスまでプラスされているのです。さらに衣をつけて油で揚げるなんて、本当に手間だらけです。それでも娘は私のコロッケが好きらしく、パクパクとよく食べます。一度、外で買ってみたことがあるのですが、「やっぱりママのがいい」と言ってあまり食べてくれませんでした。そんな言葉を聞くと「手で作るって違うんだ」と改めて思います。

私の小さい頃にも同じようなことがありました。父がお中元かお歳暮に「○○ホテルのコロッケ」という冷凍のクリームコロッケをいただいてきたことがありました。ふだんから、家では母の作るもの以外ほとんど食べたことがなく、店屋ものや売っているものに強い憧れを抱いていた私。早速ワクワクしながら母に揚げてもらって食べたのですが、結果は「……」。

以来、あんまりそういうものを欲しいと思わなくなりました。

見た目がどんなに地味でも、手できちんと作ったおいしいものは、子供にもわかるもの。娘がよく食べる様子を見るたび、「やっぱり手を抜かずに作ろう」といつも思うのです。

パイナップルとチェリーのケーキ

材料　直径18㎝の型1台分
薄力粉・・200g
上白糖・・250g
卵・・300g（約4個）
バター・・100g
パイン缶のパイン・・5枚
パイン缶のシロップ・・大さじ3
チェリー缶のチェリー・・4個
ざらめ・・適量

準備
薄力粉はよくふるっておく。
ケーキの型全体にバター（材料表外）を塗り、薄く薄力粉（材料表外）をふって、底にはざらめを敷いておく。オーブンを180℃に温めておく。溶かしバターを作っておく。チェリーは縦半分に切っておく。

作り方
①卵と砂糖を合わせ、泡立てる。

②①に薄力粉を少しずつ入れる。
③②に溶かしバターとパイン缶のシロップを入れてよく混ぜる。
④型にパインとチェリーをならべ、③の生地を流し込む。
⑤180℃で30～40分焼く。

「まあちゃんのおうちのケーキ！」

昔うちに遊びにきていた友だちが見たら、間違いなくそう言って懐かしがってくれるはず。これはそれくらい友だちまでよく食べたケーキです。母はこれを本当に繰り返し焼いたそうで、私も何度も「作って」とお願いしました。

作り方のコツを尋ねると、真っ先に返ってきたのが、「濃い色のチェリーの缶詰を使うこと」という答え。「どうして？」と聞いたら、「だってそのほうが、色がはっきりしてかわいいから」というのです。「そんなことがコツなのか？」と思いましたが、かなりのこだわりがあるらしく、フルーツポンチなら着色していない淡い色のものでもよいけれど、このケーキのときは、真っ赤なのを使わなければいけないのだそうです。

見ての通りで、味も洗練された今のお菓子とはまったく違う、本当に素朴なもの。しかも決してふわっとはしておらず、ずっしりとした口当たりです。このうえないほどクラシックですが、ひと口食べると卵の香りが広がって、それはそれでしみじみとした味わいなのです。軽くないからだったのでしょう。私たち三人姉妹は、これをおやつとしてだけでなく朝ごはんのパンの代わりにして冷たい牛乳といっしょに食べたりもしていました。小さい頃の私にとって、ケーキといえばこれでした。だから、大好きだった絵本に登場した卵の味のカステラも、その部分を読むたびに、「このカステラって、ママのパイナップルケーキみたいな味なのかな？」と、勝手に味を想像していたものです。そしてこの絵本の中で、主人公が鼻をクンクンさせてオーブンから漂ってくる香りをかぐところがあるのですが、当時の私も、まさしく同じようなことをしていました。子供部屋で遊んだり、本を読んだりしていても、ケーキのいい匂いがしてくると、誘われるように鼻をクンクンさせながら台所に行き、オーブンの中をのぞき込んだものです。

今では、娘が同じことをしています。彼女も、ケーキができあがっていく過程を見るのが大好き。私が卵や粉を混ぜて生地を作ったり、オーブンで焼いたり、お菓子を作っていると、ちょこちょこのぞきにきては、「まだかな？」とか、「わー、こんなにふくらんだ！」と、チェックしたりするのです。

ところで、母のレシピノートを見ると、このケーキは「火にかけて50分」と書いてあります。「ずいぶん焼き時間が長いなあ」と思って尋ねたところ、最初の頃はオーブンではなく、なんと無水鍋（146ページ参照）で作っていたのだとか！　家の周りにケーキ屋さんも何もなく、オーブンもそれほど普及していなかった時代、「鍋で作るしかなかったのよ」と、母。シュークリームも鍋で作っていたと言います。もっともその数年後、我が家にも天火と呼ばれるうす緑色のオーブンがやってきて、無水鍋のケーキは卒業。そして天火もまた、大活躍したのでした。

先日、改めて母に「どうしてこれを何度も作ったの？」と聞いてみました。するとあっさり、「みんなが好きだったからよ。別にドラマなんかないわ」。

でも、このケーキこそ、私にとってのお菓子の原点なのかもしれません。

母から譲り受けたお菓子道具

小さい頃、ときどき母と二人でクッキーを作りました。「クッキーを作る」といっても、生地作りは母まかせ。私はできた生地をこねたり、自分の好きな形を粘土細工のように作ったり。遊びのような感覚でした。特に星や天使、うさぎなど、いろいろな形が次々とできるクッキー型を使うのが大好きでした。「生地をのばしたらまず大きい型から抜いて、その間のところで小さい型を抜くのよ」などと教わりながら、見よう見まねで作ったものです。そして、焼きあがったクッキーは大事に缶にしまい、おやつの時間に出してきては、「これ、私が作った」などと言いながら食べていました。

一年生の頃仲良しだった友だちは、お母さんが働きに出ていました。だから二つ年上のお兄ちゃんと二人でいつも留守番することになっていて、うちにもよく遊びにきていました。ある日、母が私たちにクッキー作りをさせてくれたことがありました。友だちは初めての体験に夢中。いろんな形を作っては遊んでいましたが、最後に「まあちゃんはいいな。いつもこんなことしているの？」と言ったのです。私は戸惑ってしまいました。だって、母とお菓子作りをすることも、母がずっと家にいることも当たり前だったからです。

この頃から、私は専業主婦に憧れるようになりました。自分も大きくなったら、家にいて家事をしたり、子供の世話をして一日を過ごすんだと信じていました。結局夢は実現しませんでしたが、母のクッキー型を譲り受け、ときどき娘とクッキー作りをしています。

夏

胡春と梅ジュース

［梅シロップ］
材料　作りやすい量
青梅・・・1kg
氷砂糖・・・1kg

作り方
①青梅はよく洗って、ざるの上でよく乾かしておく。
②①の表面を竹串でさす（1個につき20カ所くらい）。
③熱湯消毒したガラスびんに、青梅、氷砂糖、青梅、氷砂糖の順で入れていく。1カ月後くらいから飲める。

娘が一年生のとき、学校で梅シロップを作りました。みんなで一つ一つようじで穴をあけ、がんばって作りあげたのだとか。何週間かして、できあがったシロップをお水で割り、教室で飲んだ梅ジュースは最高においしかったそうです。

作る作業が楽しかったからおうちでも作りたいと言うので、習ってきたばかりの娘に教わりながら、作ってみることにしました。

「ひとつの梅にね、ママ、ぷすぷすぷすって二十個くらい穴をあけるの。それでね、きれいなびんに梅、氷砂糖、梅、氷砂糖って順番に入れていくの」

ママに初めて食べ物の作り方を教える娘、ちょっと得意げです。しかも今回は全部自分で作ってみるとのこと。「じゃあ、氷砂糖も自分で買ってくれば？」ということで、初めてのおつかいにも挑戦。小さなかごにお金を入れて「行ってきます」をしたときの、ドキドキした表情は今でもよく覚えています。無事買い物を終えて帰ってきた姿は満足げ。そして「お店の人に、おつかいえらいねって言われた」と、うれしそうに話してくれました。わざわざ声をかけてくれてありがとう、お店の人。

今年は、二人で作ってみました。去年の分がまだ少し残っているのですが、すっかり琥珀《こはく》色になっていい感じです。今年のはまだまだ梅のエキスが出始めたばかりで透明。こうしておいしくできあがっていく様子を観察するのも、娘にとっては楽しいようです。

にんにくみそを仕込む

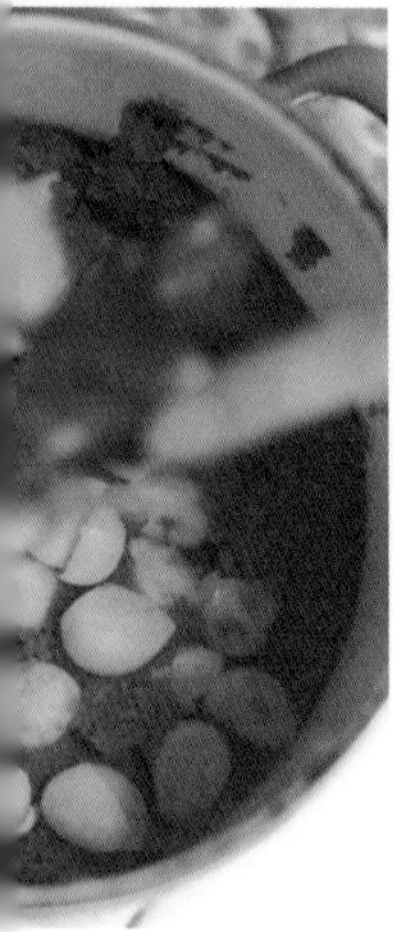

材料　伊藤家1年分
にんにく・・1.5kg（約20個）
みそ（信州みそなど）・・5kg

作り方

①にんにくは皮をむき、1かけずつに分け、根を切り落とす。マッシャーなどで、軽くひびが入る程度につぶす。

②容器にみそを入れながら、にんにくを埋めていく。

③最後に上をラップでぴったりと覆い、ふたをして、さらにポリ袋に包んで冷暗所で1カ月以上つけ込む。（熟成までの間にカビが生えた場合は、その部分だけを清潔なスプーンで取り除き、念のためアルコールで容器の内側を拭いておけば大丈夫）

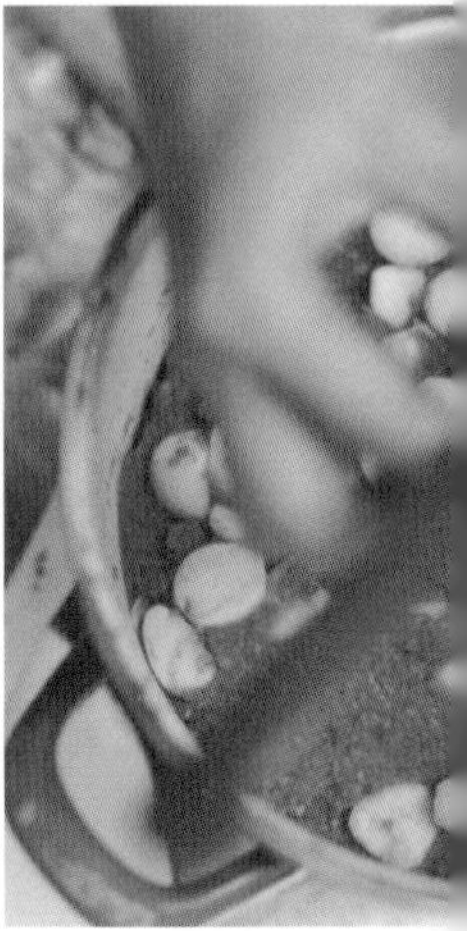

6 19

新にんにくが出回る季節になると、母はたんまり買い込んで、晴れた日を選んでにんにくみそを作ります。なぜ、晴れた日なのかというと、この作業は外でやると決まっているから。テーブルに新聞紙を広げて山のようなにんにくの皮を一つ一つむき、マッシャーで軽くつぶしてからみそにつけていくのですが、外でやっても、あまりのにおいに必ず気持ちが悪くなってしまうんだとか。

今年、私は初めてにんにくみそ作りを手伝いました。三人がかりで黙々とやっても、一時間以上。こんな作業を母は毎年一人でやっていたとは！　いつも、「今日、つけたのよ」と言う母と、膨大な量のにんにくの皮を見ても、「そうだったんだ」くらいの反応しかしなかった自分が恥ずかしくなりました。こんなに大変なら、もっと早く手伝ったのに！

大きなかめにみそ、にんにくと重ねて仕込んだら、流しの下などに置いて熟成を待ちます。一カ月くらいしてにんにくの色が変わってきたら、食べ始めても大丈夫。みその銘柄にこだわりはなく、「特売品で十分」とのこと。手間と時間がおいしくしてくれるのです。

お肉じゅうじゅう（151ページ参照）以外にもきゅうりにそのままつけて食べたり、なすのいため物や春雨とひき肉のいため物に使ってコクを出したりと、万能なこのみそ。毎年必ず、私たち娘にもおすそ分けしてもらい、もはや私の家にもないと困るものですが、これからはその手間に感謝して、もっと大切に使いたいと思います。

みんなが集まる日はパエリア！

材料
米・・3合
かつおのだし汁・・540ml
（米と同量）
玉ねぎ・・大1個
パプリカ（赤・黄・オレンジ）
・・計3個
骨つき鶏肉・・10本
あさり（殻つき）・・約20個
ムール貝・・約12個
えび（ブラックタイガーなど）
・・10尾
にんにく・・2かけ
オリーブ油・・適量
塩、こしょう・・各適量
サフラン・・1g
レモン・・1個

作り方
①米は洗ってざるにあげておく。サフランは少量の水に浸しておく。
②にんにくは薄切り、玉ねぎはみじん切り、パプリカは2cm幅に切る。
③あさりは砂出しをしてからよく洗う。ムール貝はよく洗って殻の汚れを落とし、ひげのような足糸を除く。えびはよく洗い、背わたを取る。
④フライパンにオリーブ油をひき、にんにく1かけ分を入れて香りを出し、鶏肉をいためて、塩、こしょうで味をつける。えびも同様にいためて、しっかり味をつけておく。
⑤中華鍋にオリーブ油をひき、にんにく1かけ分を入れて香りを出し、玉ねぎがしんなりするまでいためて、米を加える。さらによくいため、塩、こしょうをふる。
⑥天パンに薄くオリーブ油をひき、⑤を均等にのせ、①のサフランと水を加えただし汁を注ぎ入れる。貝以外の具をのせ、アルミホイルをかぶせて、180℃のオーブンで30分くらい焼く。
⑦アルミホイルをはずし、貝をのせ、さらに10分くらい焼く。
⑧天パンごとサーブし、レモンをかけながらいただく。

小学校一年生の夏、初めて友だちがうちにお泊まりにきました。仲良しのともちゃんとみこちゃんです。母は私たちのため、庭にテントを張ってくれました。中で食べるおやつのおいしかったこと。その日は、いつもと違う雰囲気にみんなで興奮。なんと夜十二時までキャーキャー話をしたり遊んだりしていました。外で食べるのが楽しくておいしいというのは、キャンプのカレーや遠足のおにぎりなども同じといえるでしょう。楽しい外ごはんの記憶のひとつです。

家を新しく建て直したとき、両親はダイニングに続くよう、庭にウッドデッキを作りました。木のテーブルと椅子を置いたら、第二のダイニングが出現。おかげで、外ごはん率がすっかり上がり、夏には、庭に傘を広げてみんなでよくごはんを食べます。いつものごはんも、外で食べると何倍もおいしくなる気がします。

人が大勢集まるときの外ごはんのメインは、母自慢のパエリアです。手間はかかるけれど、テーブルの真ん中にあると、パッと華やかになるメニューです。これに冷えた白ワインがあればもう最高。昼間からちょっとした宴会が始まって、夏の強い日射しをほどよく傘でさえぎりながら、みんなでワイワイいただくのです。

父は「みんなで外で食べると、ホントにおいしいねえ」と繰り返して、心底満足そう。サフランの風味は小さい子たちにも大人気なので、大人も子供もパクパク。このあたりも、

母がパエリアをよく作る理由なのでしょう。

使っているのは、オーブンの天パン。パエリアパンなんて特別なものは使いません。そしておもしろいのは、なんと、かつおだしでごはんを炊くこと。「魚介からだしが出るのだから、チキンスープじゃなくてかつおでいいんじゃない？」という、一番上の姉のアイディアだとか。初めて聞いたときは「えー？」と半信半疑でしたが、食べてみると、言われなければそうとはわからないほどなじんでいるので、きっとよく合っているのでしょう。

また、ムール貝、あさり、鶏肉などの具が驚くほど盛りだくさんで、ごはんが見えなくなるくらいあふれかえるようにのせてあるのも、母のパエリアの特徴。なぜなら、母は少なくて足りない、と思うのがイヤなんだとか。「だって少ないと、お客さまだって遠慮しちゃうでしょう？」確かにその通りです。

ところで、パエリアがうちのメニューに加わるようになったのは、母が友だちと二人旅をしたスペインで食べたのがきっかけだったようです。いくつになっても、おいしいと思ったものをすぐに家の食卓に取り入れようとする貪欲《どんよく》さは、すごいことだなあと娘ながらに感心します。そしてもっぱら食べる専門の父にしても、食べたことのないものも柔軟に取り入れられる胃袋を持っていることをある意味尊敬します。以来、母は外国に行くと、「日本では高いから」と、パエリアのために欠かさずサフランを買うようです。

ラムチョップ焼き

材料
骨つきラム肉・・8本
A
—ローズマリー・・2枝
—オリーブ油・・適量
—にんにくのスライス・・1かけ分
塩、こしょう・・各適量

作り方
①ラム肉は塩、こしょうをして、Aにつけて一晩冷蔵庫に入れておく。
②①を常温に戻してから、グリルパンで好みの加減に焼く。

実家の庭には、いつの頃からかハーブが増えてきました。おいしいものを食べることには何より貪欲な父ですから、ハーブを植えようと考えたのも父だと思います。

中でもローズマリーは「どうしてこんなに？」と思うほど育ちに育って、今ではほとんど木と呼べるくらいまで生長しています。丈夫なうえ、庭を歩いていてからだがちょっと触れただけでふわりと香りが立ち込めるので、いい気分になります。

母が作る、ハーブを使った料理も増えました。

マリネしたラムには、ローズマリーが一番合うと思っていて、ラムを焼くときには庭からさっと取ってきます。バジルはパスタにたっぷり入れるし、しそは、そうめんを食べるときに欠かせません。台所直結の庭ですから、もちろん手入れをするのは母で、毎朝一時間くらいかけて水やりをしたり、雑草を抜いたりしているそうです。

母はラムをフライパンで焼いていますが、私はグリルパン派。いい感じに火が通るのと、おいしそうな縞模様が入るのが気に入っています。ラムは娘の大好物なので何度も何度も作ったおかげで、上手に焼けるようになってきました。娘のラム好きは赤ちゃんの頃から。離乳食を始めて間もない頃にも骨つきのラムを与えておくと、とても静かにチュパチュパとしゃぶっていたのを思い出します。「赤ちゃんにラム？」とよく驚かれましたが、あのうれしそうな顔を見たら、きっと納得してくれるだろうなと思います。

ズッキーニとカラーピーマンの素揚げ

材料
ズッキーニ・・2本
パプリカ(赤・黄)・・計2個
オリーブ油・・適量
塩・・適量

作り方
①ズッキーニは1cm弱の輪切りに、パプリカは1.5cmの細切りにする。
②①の水けをよく拭き、170℃くらいで軽めに揚げる。
③揚げたてに塩をふる。

一番上の姉が結婚したのは、私が十五歳のとき。私にとっては、そこで初めて「義理の兄」という存在ができたわけですが、今では義理といえども二十年のおつきあい。もう、血のつながった家族同然です。

その義理の兄の新潟の実家からは、畑で採れた野菜がいつもどっさり送られてくるそうで、料理好きの姉でも、「食べきれない！」というときには、それが実家に持ち込まれます。夏にはきゅうりやトマト、なす、ピーマンなどが箱いっぱい届くのです。

その野菜で母がよく作るのが、ズッキーニとカラーピーマンの素揚げ。オリーブオイルで揚げて塩をかけるだけのシンプルな料理ですが、これがおいしい！　揚げたてはもちろん、少しおいてからでもおいしいから大量に揚げて大皿に並べていきます。洋風でも和風の料理でも結構合うので、夏、実家に人が集まるときには欠かせない定番の前菜なのです。

ちなみに義理の兄は生のトマトが苦手です。それは子供の頃、おやつが食べたくても「畑からトマトをもいどいで！」なんて言われて育ったからなんだとか。そんな環境だったので、三時のおやつにケーキを焼くような伊藤家にはびっくりしたそうです。彼はかなりの食いしん坊で、教わった料理もいっぱい。ワインのおいしさも習ったし、フランスで三ツ星レストランに初めて連れていってくれたのも兄です。いろいろな洋風料理が伊藤家に加わったのも、この兄のおかげなのかもしれません。

たたききゅうり

材料
きゅうり・・5本
――A しょうゆ・・大さじ3
ごま油・・大さじ2
酢・・大さじ2
砂糖・・小さじ½
しょうがの薄切り・・1かけ分

作り方
①きゅうりは軽くたたき、ひと口大にして、種の部分は除いておく。
②Aをよく混ぜ合わせ、①を1〜2時間つける。

「胡春の「胡」はきゅうりのきゅだよ」

娘はときどきこんなふうに自分の名前を説明しています。そう言うだけあって、彼女は胡瓜《きゅうり》が大好きなのですが、それ以外にも、胡桃《くるみ》、胡麻《ごま》……と、「胡」の文字のつく食べ物がなぜかとても好きなのです。

中でも大好物は、やっぱりきゅうり、いつもぱりぱりと食べています。生野菜は苦手であまり食べられないけれど、不思議とこれはよく食べるので、たたききゅうりはとても頻繁に作ります。「今日のごはん、何にしようかなあ」と聞くと、「たたききゅうり！」という答えが返ってくることもあるくらい。「それじゃあ、メインにならないじゃない！」と笑ってしまいますが、ぱっと思いつくくらいだからよっぽど好きなんだろうな、と思います。

めん棒できゅうりをバンバン！　とたたくと、ほどよく割れて、ごま油風味のドレッシングがよくしみ込みます。このとき大切なのが、中の種の部分を除くこと。これをやると水っぽくならないので、ずいぶん仕上がりに差が出るのです。

実家では、このたたききゅうりににんにくが少し入ります。母にどうしてなのか尋ねてみたら、「ちょっと入れるだけで食欲がわくでしょう?」とのこと。

「にんにくを入れなくても、食欲ならいつもあるじゃない?」と、心の中でこっそりつぶやいてみましたけれど。

豚ばらとごぼうの赤だし

材料
豚ばら肉(薄切り)・・150g
ごぼう・・½本
かつおのだし汁・・800㎖
ごま油・・大さじ1〜2
赤みそ・・大さじ2〜3

作り方
①豚ばら肉は、小さめに切る。ごぼうはささがきにして水にさらし、ざるにあげておく。
②鍋に油をひき、①をいためる。
③だし汁を注いで少し煮る。浮いてきたあくを取る。
④赤みそを溶き入れる。

朝ごはんは、父だけが和食で女性陣は全員パン党でした。父は名古屋出身なので、朝食のおみそ汁はたいてい赤だし。なぜか晩ごはんのときのおみそ汁は普通のみそを使っていたので、朝の赤だしがなんだかとてもおいしそうに見え、パンを食べたあとに、ちょっとだけ食べさせてもらったりしたこともありました。

例外的に赤だしのおみそ汁が晩ごはんに出ることもあって、それがこの「豚ばらとごぼうの赤だし」でした。具だくさんなので、おかずのひとつという感じ。いためた豚ばらとごぼうからおいしいだしがたっぷり出るし、いつもより満足の一杯になるのです。

子供の頃から私は、このおみそ汁が好きでした。実はちょっとお行儀が悪いのですが、ごはんを入れて食べるのも気に入っていました。これを伊藤家では「わんちゃんごはん」と呼んでいたのですが、のちに一般的には、「にゃんにゃんめし」とか「ねこまんま」などと猫系で呼ばれていたのを知り、びっくりしました。母は猫よりも犬のほうが好きだから、勝手に「わんちゃんごはん」と名づけたのかもしれません。

今では、私の定番のおみそ汁のひとつにもなった、このメニュー。あるとき、赤だしがなかったので普通のみそで作ってみたら、なんだか物足りないというか、別のものができあがってしまいました。やっぱり決め手は赤だしのみそ。以来、豚ばらとごぼうには必ず赤だしと決めています。

いつもこれを作るときは大量に作って、翌日の朝ごはんにも食べますが、二日目はちょっとこなれた感じになってそれもまたおいしい。炊きたてごはんをおにぎりにして合わせると、もう幸せ！　そしておにぎりには、粉山椒を混ぜ込むと、最高です。赤だしと山椒？

あるいは赤だしと豚が相性ぴったりだからなのでしょうか。

そういえば以前、一人暮らしを始めた頃、自分でこのおみそ汁を作ろうと思って、ごぼうの皮をピーラーでむいたことがありました。それなりにはできたけれど、全然おいしくない。母に報告したら、「ピーラーなんて使ったらだめよ。ごぼうは、皮のところが一番おいしいのよ‼」とびっくりされてしまいました。「言われてみれば、たわしでこするだけだったよなあ」と、母がしているのを思い出しましたが、そのときはすっかり忘れていたのです。これ以来、何か初めての料理に挑戦するときには、まず「母がどんなふうにしていたかな」と、台所にいる姿を思い出すようにしています。直接料理を教わった記憶はあまりありませんが、横や後ろで見ていたから、結構覚えているのです。野菜の水きりのしかた、煮汁に加える順番、混ぜ方、切り方、落としぶた……。「記憶の中の母に教わる」方法で、ずいぶん助けられてきました。それでもやっぱり違うときには、最終手段として電話で尋ねることもありますが。子供の頃、料理をする母の傍らで今日あったことなどをおしゃべりしていたのは、決して無駄ではなかったんだなあと思っています。

そしてもちろん今では、ごぼうはたわしでこすり、ささがきにしたあと水にさらすのもほんの少しの時間と決めています。ささがきは、相変わらず母のようにはうまくできないけれど、まあ、そのうちできるようになるさ、と思いながら作っているのです。

素揚げして作るラタトゥイユ

材料
なす・・3本
ズッキーニ・・4本
カラーピーマン（赤・黄）・・計4個
玉ねぎ・・1個
トマト（水煮缶）・・2缶
オリーブ油…大さじ2
にんにくのみじん切り・・2かけ分
揚げ油・・適量
塩、こしょう・・各適量

作り方
①なす、ズッキーニ、カラーピーマンは1㎝角に切り、玉ねぎはみじん切りにしておく。
②厚手の鍋にオリーブ油をひき、にんにくをいためて香りを出し、玉ねぎをいためる。玉ねぎがしんなりしたら、トマトを缶汁ごと加えて煮る。
③別の鍋でなす、ズッキーニ、カ

ラーピーマンを素揚げし、軽く油をきって、②に次々と入れていき、20分くらい煮る。塩、こしょうで味をととのえる。

このラタトゥイユは母の定番。夏の時期はいつも大量に作っていて、びん詰にして冷凍してあります。

作り方は、ちょっと独特。でも、実はつい最近まで、こんなふうに作っているとはまったく知りませんでした。ただ、「母のラタトゥイユは何かが違う。コクがあるのよねー」と、姉たちと話していたのです。そしてようやく、その「何か」がわかりました。

普通は（私は？）オリーブオイルににんにくを入れて香りを出したら、かたいものから順にいたため、最後にトマト、もしくはトマト缶を入れて煮込んでいきます。でも、母の場合は逆。最初にトマトソースのようなものを作っておき、そこに野菜を素揚げしながらどんどん加えていくのです。

揚げた野菜が入るので、うまみや甘さがぎゅっと凝縮されてコクのある仕上がりになります。また、野菜を一センチ角くらいのさいの目切りにしているのも、自己流だとか。きっと、「ここをこうしたら、もっとおいしいはず」と思って改良していき、最終的に自分の料理にしてしまっているに違いありません。そしてそれは自分の料理であり、うちの料理。家族にとって一番おいしい「伊藤家の味」なのです。

家庭料理なんて、どこの家でもそんなふうに作られていくのかもしれません。

母は、びん詰にしたラタトゥイユをパスタのソースにして使うことがよくあります。朝、

「今日のお昼はこのパスタにしよう」と思ったら、キッチンに出して自然解凍させておくんだとか。そして、お昼どきになってやわらかくなったら、フライパンに出して火にかけます。パスタをゆでている間に「庭からバジルを摘んできて」と言われて摘んでくるのは、そのときに手があいている人の役目。うちの娘はバジルを食べられないくせに、庭に行って摘む作業は好きなようで、真っ先に飛び出していって、かわいい先っちょのふたばを摘んできてくれます。

パスタがゆであがったら、フライパンの中でソースをよーくからめ、上にちょこんとバジルを。夏のパスタのできあがりです。

このラタトゥイユは、もちろん、このまま食べてもおいしいし、スパイスをきかせてクスクス風にしたり、焼いたラムに添えたりすることもあります。

母は、父が日中留守をする日などは、ここぞとばかりに女友だちを呼んで、こんなラタトゥイユで軽くランチを楽しむんだそう。「たまにはシャンパンをあけたりして、思いっきり羽を伸ばすのよ」と笑います。

フルーツポンチの思い出

材料
バナナ、キウイ、りんごなど・・
　各適量
みかん、白桃、さくらんぼの缶詰
　・・各適量
サイダー・・適量

作り方
①果物と缶詰、サイダーをよく冷やしておく。
②生のフルーツと缶詰のフルーツは食べやすく切り、容器に入れて、サイダーを注ぐ。好みで白桃のシロップも入れる。

お誕生会や親戚の集まりのときのデザートは、フルーツポンチが定番でした。欠かせないのは、ガラスのボウル。実はこれは二代目で、初代のものはもっと大きく、なんと小さな器が十二個もついていました。小さな器を大きなボウルの縁《ふち》に金具で引っかけることができるところが、ミソ。母がデパートで見つけて、「これは子供たちに絶対ウケる!」と思って買ってきたのだとか。思惑通り、私たちはこの器とフルーツポンチが大好きで、裏の物置からこの器の入った段ボール箱が取り出されているのを見つけると、「あ あ!　今日はお客さまだ!　あれが食べられるんだ!」と、うきうきしたものです。

黄桃やパイナップル、みかんなど、缶詰のフルーツを中心に合わせて、缶詰のシロップやサイダーを注ぐだけですから、今となっては、どうしてそんなに好きだったのか、不思議なくらいです。でも、娘や姪《めい》、甥《おい》たちも、これを作ると争うようにおかわりをするところをみると、時代を超えて子供心にぐっとくる味なのかもしれません。

私自身、大人になってから習った、生のフルーツたっぷりでお酒を加えた本格派ももちろん大好きだけれど、「フルーツポンチ」といったら、やっぱり絶対にこれなのです。

今回は、娘がフルーツを全部ひとりで切って作りました。絵を描いたり、何かを作ったりと、一所懸命なときの彼女の集中力はすごい!　飽きずに六人分、ちゃんと作りあげました。りんごの皮むきも、「親指で押さえながらやるんだよ」と手をとって教えたら、この

とおり。このとき以来、いつも自分でやるようになりました。この間はうさぎりんごに挑戦。「ママのは(包丁の切り口が)ツルツル、胡春が切ったのはギザギザ」と言いながらも、うれしそうにおべんとうに入れて持っていきました。

ところでこのボウルのセット、小さな子供がいない実家ではすっかり出番が少なくなってしまったので、初代の大きいほうは二番目の姉が、小さいほうは上の姉が譲り受けたのだそうです(つまり、今回は姉からちょっと借りてきたのです)。特に、昔から家に友だちを呼ぶのが大好きだった上の姉は、母親になっても同じように子供たちの友だちをたくさん集めて、このフルーツポンチを作っているようです。

すいかのランタン

夏の夜、お風呂上がりには母が縫ってくれた涼しそうなワンピースを着て、よく夕涼みをしていました。庭には、すいかのランタン。

大きなすいかの中をくりぬいて目や鼻のところをあけ、中にろうそくを入れると、ほんのり赤く灯《ひ》がともります。庭に置くと、見慣れた風景が少し違って見え、ドキドキしたものです。夕食が終わって「花火をしよう」というときにも、この灯をたよりに庭に出ました。

母は、生まれも育ちも日本ですが、ときどきこういうちょっとした「外国っぽい」ことをしていました。しかも今から三十年くらい前の話です。当時としてはかなり「おしゃれ」だったのではないでしょうか？　姉も「昔、友だちがうちにばかり遊びに来たがったのは、きっとなんだかハイカラなおやつが出てくるからだったんだと思う」と言っていましたが、娘の私たちだけでなく、周りの子供たちも、ちょっと違う香りを感じていたのかもしれません。私だって、友だちが来ると、いつも母がかわいいおやつを出してくれるのがとても自慢でしたから。

すいかは、同じようにくりぬいてフルーツポンチの器になることもありました。口のところがギザギザに切ってあって、それがちょっとした飾りになっていました。中身は、フルーツポンチなら中に入れたり、ランタンのときはさいの目に切ってみんなでつつきながら食べました。毎年夏になると、このランタンのある実家の庭を思い出します。

台所仕事

台所は毎日使う場所だけに、いつもきれいにしていたいと思っています。台所が散らかっていると、料理を作る気も起きません。

お湯を沸かしている間にガス台を拭く、揚げ物をしながら油がはねたらすぐに拭く、冷蔵庫の取っ手や庫内も使うたびに少し拭く……。いつも右手にふきんを持っているような気がします。

そんなわけで、私は毎日結構な量のキッチンクロスを使っています。あのパリッと乾いた使い心地がとても好きなので、拭いている途中で濡れてくるとすぐに替えるのです。ただ、キッチンクロスには、替える直前に必ずもうひと仕事してもらいます。シンクをきれいに洗って台ふきんで水けを拭き取ったら、そのキッチンクロスでぴかぴかに磨くのです。替えるたびにこうしているので、一日に三回くらいシンクを磨いていることになります。

こんなふうに家事を進めていくと、汚れも仕事もたまりません。だから、年末にわざわざ大掃除をしなくてもいいことになります。ほかにすべきことがたくさんある年末、大掃除をせずにいられるのはとってもラク。こうして、「ばたばたしなくていいように」というのと、いつもきれいでいたいから、毎日きゅっきゅっと磨いているのです。

よく観察してみると、姉たちも右手にふきんを持っては、無意識にきゅっきゅしています。やっぱりこれは、小さな頃から母がしていたせいなのかも？　と思っています。

秋

特製ドライフルーツケーキ

材料　18×9×高さ6㎝のパウンド型1台分
バター・・・100g
卵・・2個
薄力粉・・・120g
砂糖・・・100g
ベーキングパウダー・・小さじ½
ドライフルーツのお酒漬け・・120g
塩・・ひとつまみ
アプリコットジャム・・適量

準備
型にバター（材料表外）を塗る。
バターは常温に戻し、薄力粉はよくふるい、卵は卵黄と卵白に分けておく。
オーブンは180℃に温めておく。

作り方

①ボウルにバターと砂糖の⅓量を入れ、ハンドミキサーで白っぽくなるまでよく混ぜ合わせる。

②①に卵黄を少しずつ加え、そのつどよく混ぜる。

③別のボウルに、卵白、砂糖の⅓量と塩を入れ、ハンドミキサーでかたくなるまで泡立て、残りの砂糖も入れて混ぜ、角《つの》が立つまで泡立てる。

④②に薄力粉とベーキングパウダーを加えて、さっくりと混ぜ合わせ、③も加えてよく混ぜる。

⑤ドライフルーツのお酒漬けを入れて混ぜる。

⑥型に⑤を流し入れ、180℃のオーブンで40〜50分焼く。

⑦アプリコットジャムにドライフルーツをつけていたお酒を混ぜ、ケーキに塗る。

少し厚手の上着をはおる季節になると、このケーキを食べたくなります。母もそんな時期に焼いていました。日射しがぽかぽかと暖かい日、一年間お酒につけ込んでおいたドライフルーツをたっぷり使って焼くのです。

お酒の味が口いっぱいに広がるお菓子。子供のくせに、私はこれが大好きでした。牛乳といっしょに食べ、あと少し、あと少しとナイフでちょっとずつ切っては、結局たくさん食べてしまったものです。聞けば、私たち三姉妹は朝ごはん代わりにもよく食べていたとか。母は、ドライフルーツのお酒漬けを寸胴《ずんどう》のびんに入れていました。細かく切ったフルーツがつけ込んである姿は、「友だちは知らない大人のもの」のようで、自分だけの秘密という気がしていました。小学生だった私の背伸びが、母親のハイヒールや口紅ではなく、「お酒の味のケーキ」だったあたりが、食いしん坊のはじまりだったのか？　と思ったりしています。

大人になってお酒を飲むようになってからは、このドライフルーツ漬けを自分でも作るようになりました。キルシュやブランデーなど、お酒の残りが「あと少し」になると、みんなこのびんに入れていきます。少しだけ余ったドライフルーツの行き先もこのびんの中。びんにいっぱいたまったところで、まとめてケーキ作り。ラッピングをして、日頃お世話になっている方にも贈ります。日持ちもするので、贈り物にもいいケーキです。

天ぷらの前のお楽しみ　ゴロゴロドーナツ

［ゴロゴロドーナツ］

材料

天ぷらの衣の残り・・適量

卵、薄力粉、牛乳、砂糖・・各適量

粉糖・・適量

揚げ油・・適量

作り方

①天ぷらの衣の残りに、卵、薄力粉、牛乳、砂糖を適量加え、スプーンですくったときにまとまるくらいのかたさにする。

②ひと口大くらいにスプーンですくって、中温に熱した揚げ油でこんがり揚げる。

③粉糖をたっぷりふって、すぐにいただく。

天ぷらを揚げている母の横で、おまけのおやつがくるのを待っている子供の頃の私。おやつというのは、余った衣で作ってくれるドーナツのこと。母は食事前だというのに、衣に粉糖をふってときどき私に食べさせてくれていました。油の中に落とすと、ぷうっとふくらむその様子を見ているのも楽しくて、母の横でじっと揚がるのを見ていました。本当はどちらかと言えば、今日のおかずの天ぷらよりおまけのドーナツのほうがずっと楽しみだったのかもしれません。

このドーナツを久しぶりに思い出しながら作ってみました。とても懐かしい味！　ただ、子供の頃に感じた「すごくおいしい」という感覚とはちょっと違うのです。とにかく懐かしい。昔はこんな素朴なおやつを食べていたんだと思うと、しみじみしてしまいました。お店のものとはまったく違うおいしさ。大人になって、「おいしいものを目指してまっしぐら！」とばかりにお菓子をあちこち食べ歩いて、以前より舌がすっかり肥えてしまっていても、うちでしか味わえないおやつの味はやっぱり別のもの。揚げたてがその場で食べられるというのも、ホームメイドならではのよさです。

粉糖がないときは、普通の上白糖やグラニュー糖にかわるのだけれど、それはそれで、いつもと違う食感でおいしいと感じたものです。食事の前、まだ揚げ物をしている母の横で、立ちながら牛乳といっしょに食べた、懐かしのドーナツです。

レバーペーストはたくさん作っておすそ分け

［レバーペースト］
材料　作りやすい量
鶏レバー・・1kg
バター・・80g
ポルト酒・・400ml
生クリーム・・200ml
玉ねぎ・・大3個
塩、こしょう・・各適量
揚げ油・・適量

作り方
①レバーは冷水に3時間くらいつけておく。
②玉ねぎ2個は薄切りにして、バターであめ色になる手前までいため、フードプロセッサーに入れる。
③同じ鍋でレバーをよくいため（途中出てくる水分がカラカラにならない程度に）、フードプロセッサーに入れる。
④同じ鍋にポルト酒を入れて1/3

の量になるまで煮つめる。きつめに塩、こしょうをふる。
⑤④もフードプロセッサーに入れ、途中で生クリームを足しながら、ペースト状にする。
⑥残りの玉ねぎは薄切りにして、こんがり揚げ、上にのせる。

パテやフォアグラといった、お酒によく合ってちょっとクセのある、濃厚な味が大好きな伊藤家。もちろん、私も大好きです。でも、このレバーペーストは母のレシピというわけではなく、私が大人になってから作り始めたもの。どうしてもこれが食べたくなって作るときもあるし、「レバーペーストを作りたい」と思って作ることもしばしばです。

作るときはいつも一キロと多め。そして捨てずに取っておいたジャムなどの空きびんに入れてみんなにおすそ分けしています。これは、母が空きびんを保存しているのをまねしたもので、母は何かのびんがあくと、きれいに洗って軽く日干しをして乾かし、大事にビニールの袋に入れて床下収納庫に保存しているのです。これを見て、「私も捨てずに取っておこう」とやり始めました。

大きさはまちまちですが、「あの人にはこれ」「この人にはこれ」などと、贈る人に似合いそうなびんを選ぶのも楽しいものです。そして、近所のパン屋さんでおいしいバゲットを買って、ペーストとセットにして車で届けます。

このペースト、上にのせた玉ねぎの素揚げがとても重要。これがあるのとないのとでは、ずいぶんコクが違うので、少し面倒だなと思っても、最後に必ず素揚げの作業をします。

「またレバーペースト作らないの?」なんて、友だちから声をかけられると、ちょっとうれしくなって「じゃ、そろそろ」と言いながら、また作り始めるのです。

持ち手つき唐揚げ

材料
鶏手羽中・・8本
　片栗粉・・大さじ5
──A──
　酒・・大さじ2
　しょうゆ・・大さじ2
　しょうがの絞り汁・・1かけ分
揚げ油・・適量

作り方
①鶏手羽中の切り口を上にして、まな板に立て、肉を骨からはずすように引きおろす。細いほうの骨は引き抜き、肉を中表にする。
②ボウルにAを入れ、①の鶏肉を加え、よくからめて30分以上おく。
③揚げ油を熱し、中温で揚げる。
④7㎝幅の白い紙を縦半分に折り、端を1㎝くらい残して、山側の部分に3㎜間隔の切り目を入れる。紙を開き反対に折り返してふくらみをつける。骨の部分をアルミで巻いた上から、これを巻きつけ、テープでとめる。

何か特別な日でなくても、母は料理にちょっとした工夫をしたり、手間をかけることをまったくいとわない人です。たとえば、うちの唐揚げには、よくこんなかわいらしい紙の持ち手がついていました。

紙を切って巻いただけ、といえばそれまでですが、子供心に、唐揚げがぱっと華やぐ気がして、とてもうれしかったのを覚えています。毎日の暮らしの中で、「おいしく食べる」だけでなく、さらに「楽しく食べる」ことを考え、工夫してプラスしてくれていた母。みんなを喜ばせたいし、自分も楽しい、きっとそんな理由からなのでしょうが。

この唐揚げ、味つけはオーソドックスでしかもずうっと同じ。そして私もそれを引き継いでいます。最近は、娘のおべんとうのために何度も作っているうちに、やっとカラリと上手に揚げられるようになってきました。配合はいつも適当ですが、だいたい母の味に仕上がります。

子供の頃は、どうして母が本を見ないでおいしいものを作れるのか不思議でたまりませんでしたが、今ではもちろん、自分もだんだんそうなってきています。

でも、いくら自分で作れるようになっても、母の作った唐揚げやおにぎりがどうしても食べたくなるときがあるものです。はたして娘にとっても、「どうしてもママが作った何か」そういうものがあるのかしら。あるといいなあと思います。

ラード入りチャーハン

材料
ごはん・・茶碗3杯分
ブロックベーコン・・1/3本
長ねぎ・・・1本
卵・・2個
サラダ油・・大さじ1
ラード・・30g
塩、こしょう、しょうゆ・・各適量

作り方
①ブロックベーコンは1cm角に、ねぎはみじん切りにする。卵は溶きほぐしておく。
②フライパンに油を熱し、卵を流し入れ、半熟の状態になったら、ベーコン、ねぎの順で加えていためる。
③ラードも加えて混ぜ、ごはんも加えてよくいため、塩、こしょうで味をととのえる。最後にしょうゆを回しかける。

姪《めい》っ子の響ちゃんは、「やっちゃん(母のこと)のチャーハンが一番おいしい!」と言います。何が違うのかなと母に尋ねてみると、「ラードを少し入れるのよ」という答え。そうか、なんとなく奥の深い味は、サラダ油だけではなくてラードだったんだと感心しました。ねぎと卵、ベーコン、ごはん。そして味つけは塩とこしょう、しょうゆだけというこのメニュー。作り方も単純だからこそ、ポイントさえちゃんと押さえておけば、ちゃんとおいしく作れるようです。十代の頃母に、「どのタイミングで塩やこしょうを入れようが、同じ分量なのだから関係ないじゃない?」と言ったところ、「具を入れたときに、しっかり塩こしょうしないと、ぼやけた味になるのよ」という言葉が返ってきたのをよく思い出します。

そういえば、と連想したのがワイシャツのアイロンがけ。「襟《えり》とカフス、前たての部分さえしっかりかけておけば、あとはささっとでも、きれいにアイロンをかけたように見えるものよ」と母によく言われたけれど、これは、具にしっかり味をつけるという話と通じるものがあるのかもしれません。

毎日毎日やることだから、全部を完璧にしようと思っていたら、からだも気持ちもとても続きません。「ポイントを押さえる」というのは、日々の暮らしをつなげていくのに大切な知恵だったんだなあと思います。

母の旅土産　ライヨール村のナイフ

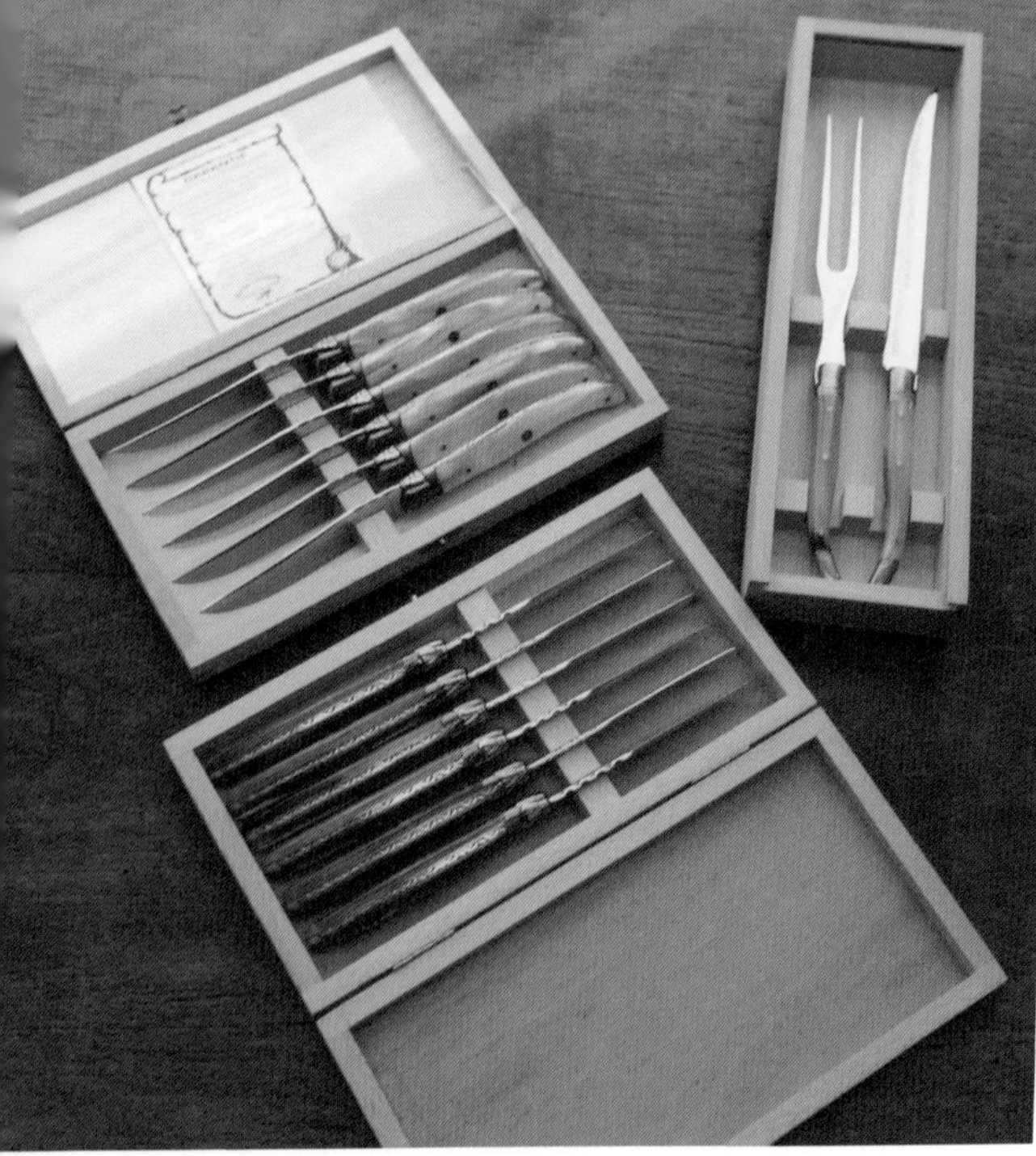

食卓に肉料理がないと、「もっとしっかりしたものはないのか？」と必ず聞く父。特にステーキとガーリックライスが大好物なので、伊藤家では肉用のスパッとよく切れるナイフが必需品です。

ここ十年、うちで大活躍しているのは、ライヨール村のナイフ。一度使ってしまうと、もうほかのものは使えないほど切れ味バツグンです。フランス南部の山奥にあるという、ライヨール村。ソムリエナイフでもよく知られていますが、刃物作りで有名なところなんだとか。パリのレストランでも、ステーキなどを注文すると、たいていこのナイフを持ってきてくれます。ずっと気になっていたナイフでしたが、十年ほど前、母がこの村を訪ねると聞いて、「うちの分もぜひ！」とお願いして買ってきてもらいました。

はるばるフランスからやってきたナイフ。刃物でありながらやわらかい曲線を描くその姿、そしてうやうやしく木箱に入っている様子もきれいです。背の部分に蜂のレリーフがあって、しまったときにちらりと見えるのも気に入っているところ。使い終わったらやさしく洗い、乾いた布で拭いて大事に大事に箱に入れて保存しています。

母はこのナイフを見ると、村のレストランで食べたたんぽぽの葉のサラダのことを思い出して「まるで、野原をまるごと食べているような味がした」と言います。聞いているだけでおいしそう。私もいつか、そのサラダを食べにライヨール村に行きたいと思っています。

餃子包みは楽しい

母の料理の手伝いをした思い出で特に記憶に残っているものが、この餃子包みです。デパートの包装紙（いつも何かに使えるよう、きれいに折り畳んでとってありました）の上に、餃子の皮をずらりと広げ、そこにポトンポトンとたねを落としていきます。特に量ったり、きれいに等分しているわけでもなく、目分量でやっているのに、母がやると皮とたねのバランスがちょうどよく、どちらも余りません。「ぴったりきれいに収まるのがすごいな」と、子供心にいつも感心していました。

私はわりと手先の器用な子で、餃子を包むのもなかなか上手でした。要領よくささっとひだをとり、むらなく次々仕上げていたものです。

と、ずっとそう思い込んでいました。でも、「ひょっとすると、これはだいぶ大きくなってからの記憶かもしれない？　小さい頃はそうでもなかったかも？」。最近はだんだん自分の記憶を疑い始めています。そう思ったのは、娘に餃子包みの手伝いを頼んでから。

なにしろ彼女は、はじめのうちは一所懸命ママのお手本通りに包もうとします。それはとてもきれいにできる（ときもある）のですが、あっという間に飽きて、すぐに粘土遊びと同じようになってしまうのです。この様子を見ていて、「実は私も最初はこんなものだったのでは？」と思うようになってきたのです。

今日は、普通の餃子を一個作ったかと思ったら、たちまち「これはぺったんこ餃子！」「見

［餃子］
材料
豚ひき肉・・300g
キャベツ・・3〜4枚
長ねぎ・・1本
ごま油・・大さじ1
塩、こしょう・・各適量
餃子の皮・・35枚
サラダ油・・適量

作り方
①キャベツはみじん切りにして、軽く塩をふっておき、水けが出てきたら軽く絞る。
②ねぎはみじん切りにする。
③豚ひき肉に①、②を入れ、よく混ぜ合わせる。ごま油、塩、こしょうで味をつける。
④餃子の皮でたねを包む。
⑤フライパンにサラダ油をひき、④をならべ、中火にかける。焼き

色がついてきたら、水１８０mlを加え、ふたをして蒸し焼きにする。⑥水がなくなってきたら、ふたを取り、カリッと焼く。

て、まんまる餃子だよ！」などと言って遊び始めました。「いろんな形にすると均一に火が通らないから！」と言っても、まるで聞く耳を持たず、「あ、いいこと考えた！」と、新しい形をどんどん思いついては試しているのです。

でも、たとえ遊びから始まったお手伝いでも、自分の作ったものが食卓に上がるのはとてもうれしいことですし、また、よく食べます。食べ物がこうして作られていくことを目で見て、そして、からだでも覚えていけば、将来きっといいことにつながる。そんな気もしています。

母、私、そして娘と三代そろってにぎやかに作ることもある、餃子。将来、娘はこの様子をほほえましく思い出すのでしょうか。

さいの目じゃがいも入りロールキャベツ

材料
キャベツ・・8〜10枚
たね
　豚ひき肉・・300g
　玉ねぎ・・中1個
　じゃがいも・・大1個
　パン粉・・ひとつかみ
　塩、こしょう・・各適量
水・・適量
コンソメスープの素・・1個
ローリエ・・4枚
塩、こしょう・・各適量
ケチャップ・・好みで

作り方
①玉ねぎはみじん切りにし、じゃがいもは8㎜くらいのさいの目切りにする。
②キャベツは芯をそぎ、ゆでる。
③たねの材料をよく混ぜ合わせ、8等分にして俵形にまとめる。

④キャベツでたねを巻き、つまようじでとめる。
⑤鍋に④をならべ、水をひたひたに注ぐ。コンソメスープの素、ローリエを加えて、最初は強火、煮立ってきたら弱火にして30分くらい煮て、塩、こしょうで味をととのえる。

ある日、娘が友だちの家から帰ってくるなり、「ロールキャベツ作ってもらったの。胡春、あれが好きだからママも作って」と言うので驚いてしまいました。煮たキャベツの味は嫌いなんだと、ずっと思い込んでいたからです。

さっそく電話で母に聞いて作ってみると、意外と簡単に「昔うちで食べていたあの味」に近いものができました。こういうことは珍しく、たいてい一度目は「なんか違うんだよな。やっちゃん（母のこと）の味じゃない」という、説明できない不満が残るのです。

母のロールキャベツには、なぜかさいの目に切ったじゃがいもが入っていました。これが入っているのといないのとでは、少し食感が変わります。外でロールキャベツを食べたことがほとんどなかった私は、ロールキャベツにはこのじゃがいもがつきものだと信じていました。だから大人になって普通のものには入っていないことを知り、とても驚いたものです。よく練った肉の間にほくほくしたじゃがいも。どうして思いついたのかわかりませんが、この組み合わせを考えた母はすごいと思います。

娘は、おまけで作るキャベツの葉だけのロールキャベツが一番好きと言います。そんなに好きなら、とキャベツの葉とブイヨンだけで作ってみたら、「味がぜんぜん違う！」と言って食べませんでした。なるほど。玉ねぎや肉の味がしみ込んだキャベツの葉が好きだったんですね。それにしても贅沢《ぜいたく》な話です。

じゃがいものグラタン

材料
じゃがいも・・10個
バター・・50g
牛乳・・2カップ
生クリーム・・½カップ
塩、こしょう・・各適量
パン粉・・大さじ3

作り方
①じゃがいもは5㎜厚さに切る。
②フライパンにバターを少しずつ入れながら、じゃがいもを焼いていく。焦げ目がつくくらいまで焼き、塩、こしょうをする。
③耐熱容器に牛乳を入れて中火にかけ、②のじゃがいもを焼けたものから入れて、煮ていく(途中で上下をひっくり返すとよい)。最後のほうで生クリームを加える。
④すべて入れたら、バター(材料表外)を散らし、パン粉をふって、180℃のオーブンで20〜30分、焦げ目がつくまで焼く。

一番上の姉夫婦は、そろっておいしいものに目がありません。二人が外で食べたり、だれかから教わったりして「おいしい！」と思ったものは、すぐに母に伝えられ、伊藤家の食卓に取り入れられます。だから母の定番メニューの中には、姉や義兄から教わったものが結構あります。このじゃがいものグラタンも、そのひとつ。母は、料理を習いに行ったことは一度もないのですが、人から聞いたり、テレビで見たりしたものを（特に書き留めたりということもなく）耳で聞いて、うちの味に合うようにアレンジしているようです。

大勢集まるときは、オーブンの天パンいっぱいに作ります。作り方はいたってシンプル。こんろの片方には牛乳を煮る鍋、もう一方にはじゃがいもに焼き目をつけるフライパンと、ふたつ同時に使いながら、焼けたじゃがいもを次々と鍋に投入していき、最後に天パンに流してこんがり焼きます。そしてあつあつのうちにテーブルに持っていき、みんなですくって食べるのです。

使うじゃがいもの量とバターの量には毎回驚かされますが、伊藤家では「カロリーを気にしていてはダメ」といった感じのところがあり、なんでも「使うときは使う」豪快さがあります。そんな家に育ったせいか、私も、カロリーを気にしてぼんやりした味のものを食べるくらいなら、「おいしいものを食べた翌日は、あっさりした和食！」など、大まかな調節をすればいいいじゃない？　と鷹揚《おうよう》に構えているのです。

焼き豚のまとめ作り

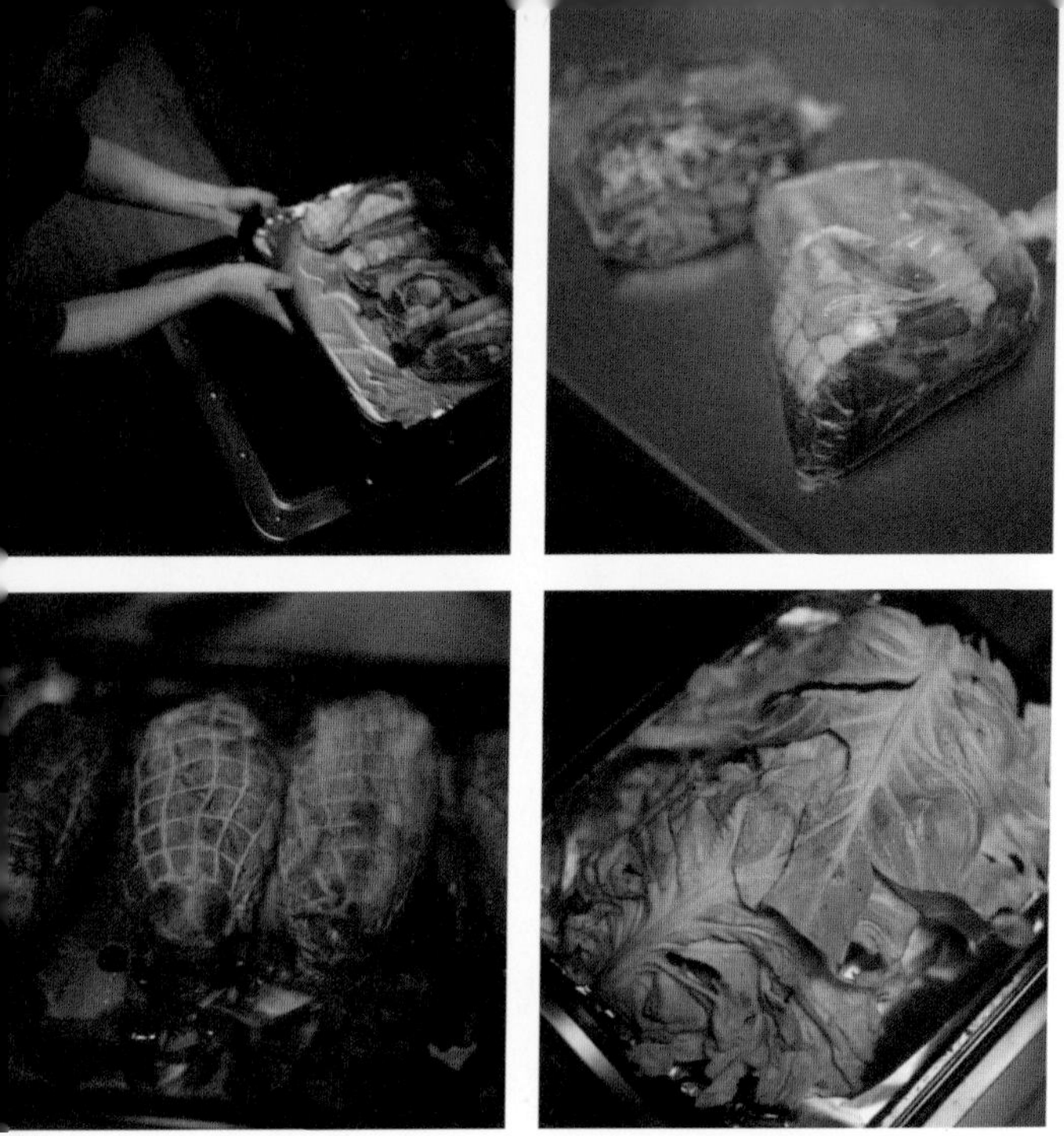

材料　作りやすい量
豚肩ロースかたまり肉・・500g×3本
A しょうゆ・・2カップ
酒・・1カップ
砂糖・・大さじ2
長ねぎの青い部分・・1~2本分
しょうがのスライス・・1かけ分
キャベツの外葉・・適宜

作り方
①豚肩ロースかたまり肉は、たこ糸で巻き、Aにつけ、一晩冷蔵庫に入れておく。
②焦げつき防止のため、キャベツの外葉をのせて、180℃のオーブンで50~60分焼く。竹串をさしてみて、汁が透き通っていれば焼きあがり。

「量が増えても作る手間は同じだから」

そう言って、母はいつも焼き豚を四、五本まとめて作っています。別に最初からだれにあげると決めて作るわけではないのですが、遊びに来た娘たちや友だちに持たせると、たちまちなくなってしまうのだそうです。

焼いた日は、スライスして白髪《しらが》ねぎとからしじょうゆでいただきます。次の日はラーメンに入れて昼ごはんに。そして残りは薄く切ってサラダに混ぜたり、チャーハンに入れたり。薄く切ったものを何枚かまとめて冷凍しておけば、何もないときにもとても便利。「ラーメンでも、チャーハンでも、これがちょっと入ると、おいしさが違うから」と、母。

母は、こんなふうに「ちょっと何かが入るとおいしい」と、よく言っている気がします。たとえば、急に私が実家に立ち寄ったときも、「おうどんでも食べる？」なんて言いながらさっさっと桜えびとねぎのかき揚げを作ってくれたりします。私なら、自分ひとりのうどんのために、揚げ物なんてまず作りません。「面倒だからいいよ」と言うと、「でもちょっとこれが入っているとおなかが満足するでしょう？」なんてさらりと答えるのです。

作り置きのメニューなども豊富なので、忙しいとき、母にもらった特製冷凍ミートボールで翌朝の娘のおべんとう作りを助けてもらったこともあります。おいしさのための「ちょっと」の手間をいとわないフットワークの軽さ、見習いたいものです。

お気に入りの黄色いお鍋

気に入った鍋を見つけると欲しくなって、既にいっぱい持っているのはわかっていても、また買ってしまいます。特に鋳物《いもの》や陶器の鍋には目がありません。

この陶器の鍋は昔から実家にあったもので、私はこれが大好きでした。ひょっとすると鍋好きは、子供の頃からだったのかもしれません。母も気に入っているようで、片方の持ち手が割れてしまった今も、ずっと使い続けています。

煮込み料理や鍋物、風邪をひいた日に作ってもらったおじや、卵がとろとろのスープ……。たしかカスタードクリームもこれで作っていたと思います。角のところが丸いので、かき混ぜる作業がしやすいのだとか。木べらと鍋底の丸みがぴったり合っているのでしょう。そして厚みがあるから、火の当たりがやわらかく、どんなものでもいい具合に煮ることができるというわけ。

おなかをすかせて学校から帰ってきて、台所にこの鍋があると、「何が入っているのかな?」と、黄色のふたをあけて見るのが大好きでした。おいしそうなものが入っていれば、指でぺろっとこっそりつまみ食い。でも、ふたが重いのでしめるときにゴロンという音がしてしまい、母にばれやしないかといつもドキドキでした。カスタードクリームなどは指の跡が残ってしまい、結局あとで見つかってしまいましたが。

この鍋を見ていると、何か温かくておいしそうなものを作りたくなってきます。

冬

［焼きりんご］

材料

姫りんご・・適量

バター・・適量

バニラシュガー・・適量

＊グラニュー糖にバニラビーンズをさやごとつけておいたもの。常温で長期保存できる。

シナモンスティック・・適量

作り方

①姫りんごの芯をくりぬき、バターとバニラシュガーを入れる。適当な長さに切ったシナモンスティックをさす。

②バターを塗った耐熱皿にならべて180℃のオーブンで20分焼く。

冬の定番　りんごのお菓子

［りんごのコンポート］
材料
りんご(紅玉)・・2〜3個
バニラビーンズ・・・1本
バニラシュガー・・60g〜
＊グラニュー糖にバニラビーンズをさやごとつけておいたもの。常温で長期保存できる。

作り方
①りんごの皮をむき、食べやすい形に切る。
②鍋に皮といっしょにりんごを入れ水をひたひたに注ぎ、バニラビーンズとバニラシュガーを加えて、15分くらい中火で煮る(途中で味見をして、甘みが足りないようならバニラシュガーをさらに加え、好みの甘さにする)。

私が子供の頃には、こんな小さな姫りんごはあまり見かけなかったような気がします。だから、母が作ってくれていたのは、紅玉の焼きりんご。薄くスライスしてバターでソテーし、砂糖とシナモンをかけたようなものだったと記憶しています。

姫りんごがお店に登場するようになってからは、そのかわいさからついつい買ってしまうようになりました。小さいにんじん、小さいジャムのびんなど、小さいものを見ると、思わず手に取らずにはいられないのです。

買ってくるとまず、大きな木のトレイに並べて部屋に飾ります。いつもはあまり色のないインテリアですが、冬は別。小物に赤い色が増える季節なのです。

しばらく眺めたら、焼きりんごに。

どちらかと言うと、りんごは生でいただくよりも火を通したほうが好きです。バターと砂糖、シナモンをよくきかせてこんがり焼きます。

これは、アイスクリームといっしょに食べるとおいしい。あつあつのりんごと冷たいアイスの組み合わせは、本当に「誰が考えた？」というくらいのぴったりの相性です。

もうひとつ気に入っているのは、りんごのコンポート。皮ごと煮ると、ほのかにりんごの色が移ってピンク色になります。

寒い季節は、部屋の中でこんなおやつを作ってゆっくり過ごすのもいいものです。

ゆずを楽しむ

［ゆずとしょうがのはちみつ漬け］

材料

ゆず・・適量

しょうが、はちみつ・・各適量

作り方

①ゆずはよく洗って、水けを拭き、輪切りにする。しょうがは皮ごと薄切りにする。

②ガラスなどの密閉容器に①を入れ、ひたひたにはちみつをかける。1日くらいたつと、ゆずから水分が出てなじんでくる。冷蔵庫で1カ月くらい保存可能。

ゆずは大人になってから開眼した食べ物で、このおいしさがわかったときには「どうしてもっと早く食べなかったのだろう？」と本当に悔しい思いをしました。

ゆずだけではありません。春菊、香菜、しその葉……。子供の頃は、大人が食べていても、「なんだかクセの強いもの」くらいの感覚でまったく興味がなかったのに、今ではどれも大好物。いったいどういうスイッチの切り替えで好きになったりするのでしょう。

そして、なぜかすっかりゆず好きになった私が、ここ数年毎年作っているのが、ゆずピールと、ゆずとしょうがのはちみつ漬けです。

ゆずピールは、そのままお茶請けとして食べたり、パウンドケーキに焼き込んだり、特に、このゆずピール入りパウンドケーキは、母や姉たち家族にも大好評。ふだんは私の作ったものには目もくれない人たちなのですが、これだけはうれしい例外です。

はちみつ漬けは、ちょっと風邪っぽいときにお湯で割って飲むと、からだが温まって喉《のど》の痛みが和らぐような気がします。娘は、ペリエで割って飲むのが好き。ほかの季節にはレモンでも作るのですが、これも大好きで、なくなると「ママ、作っておいてね」と、リクエストされます。私と違って、どうやら子供ながら苦みのおいしさがわかっているよう。

甘くして食べる以外にも、しぼってかけたり、「へぎゆず」にしたりと、冬の間じゅう楽しませてくれるゆず。我が家にはなくてはならない存在です。

ポタージュスープ

［カリフラワーのポタージュスープ］

材料
カリフラワー・・1株
玉ねぎ・・小1個
じゃがいも・・1個
バター・・大さじ2
牛乳・・600㎖
水・・1カップ
塩、こしょう・・各適量

作り方
①カリフラワーは小房にしてゆで、飾り用をよけておく。玉ねぎ、じゃがいもは粗みじん切りにする。
②鍋にバターを入れて玉ねぎをいため、しんなりしたら、じゃがいもを加えてよくいためる。
③牛乳を加え、弱火で煮て、カリフラワーとともに、フードプロセッサーにかけてなめらかにする。
④③を鍋に戻し、水を加えて煮る。塩、こしょうで味をととのえ、飾りのカリフラワーをのせる。

娘が二歳くらいの頃、風邪をひいてしまって食べ物がなんにも喉を通らなかったことがありました。治りかけてきた頃、「何が食べたい?」と聞いたら、「この前飲んだ白いスープ」との答え。

それがこのカリフラワーのスープでした。

それ以来、風邪の治りかけには、これを必ず作るようになりました。バターでじっくりいためた玉ねぎから出る甘みとうまみが野菜と牛乳に合わさって、ひと口飲むとからだがゆるゆるとのびていく感じ。

冬になると、必ず食べたくなるもののひとつでもあります。

娘は、外国に旅にでたときに「何が食べたい?」と聞いても、「ママのスープ」と答えます。「ママのスープ」を飲むと、とても落ち着くらしいのです。そんなことを言われると、本当にうれしくなってしまいます。

冬の定番がカリフラワーだとすると、春はアスパラガス、初夏にはそら豆など、季節によっていろいろな野菜で作っています。

淡いグリーン、温かな白と、どんな野菜で作っても、なんともいえないやわらかい色に仕上がるのも好き。

ほっと心をなごませ、安心させる何かがあるスープです。

クリスマスの飾り

我が家のクリスマスの飾りは、麦わらでできた素朴な北欧のもの。娘はキラキラと輝く飾りや電飾を欲しがっていましたが、もうずっとこれなのであきらめているみたいです。街で見るイルミネーションが派手な分、家ではできるだけシンプルにしたいし、静かに祝いたいのです。

私が子供の頃の飾りは、モールのサンタさんや紙でできた長靴、折り紙で作ったオーナメントでした。ときには母が焼いてくれたクッキーを飾ったこともあります。裏庭からツリーを持ってきてリビングに飾り、箱にしまっておいた飾りをぶらさげていくのが、毎年の恒例行事。箱を開けるとぷーんと懐かしい匂いが広がって、「クリスマスの匂いだ!」と、ひとり心の中でつぶやきながら飾りつけをしたものです。

クリスマスツリーが完成すると、気分がいっそう盛り上がります。そうなるともう、サンタさんから届くプレゼントのことで頭がいっぱい。当時は、その次にケーキ、その次がごちそう、という順番でしたが、大人になった今では、シャンパンとごちそうが何よりの楽しみです。

そういえばイブに雪が降ったことがありました。庭に降り積もった雪の中にシャンパンを入れ、クーラー代わりにして冷えるのを待ったのですが、乾いた空気の暖かい部屋で飲んだシャンパンのおいしかったこと! 大人になってからのクリスマスの素敵な思い出です。

二度おいしい　きのこ入り鶏の丸焼き

材料
鶏肉（内臓を除いたもの）・・1羽
きのこ・・合わせて400g
＊しいたけ、しめじ、エリンギ、マッシュルームなど。種類が多いほどおいしい。
乾燥きのこ（ポルチーニ、トランペットなど）・・適量
にんにく・・2〜3かけ
オリーブ油・・適量
ブロックベーコン（またはサラミ）・・100g
赤唐がらし・・1本
ローリエ・・1枚
塩、こしょう・・各適量
しょうゆ・・大さじ1
キャベツの外葉・・1〜2枚

作り方
①乾燥きのこは水でもどす。
②マッシュルーム、しいたけ、しめじ、エリンギなどは石づきを取り、すべて食べやすい大きさに切

る。ブロックベーコンは拍子木切りにする。
③たっぷりのオリーブ油にたたいてつぶしたにんにくを入れて火にかけ、香りを出す。
④きのこ、ベーコン、赤唐がらしとローリエを入れていためる。
⑤きのこがしんなりしてきたら、塩、こしょうでしっかりめに味をつけ、隠し味にしょうゆを加える。
⑥鶏肉はおなかの中をペーパーで拭き、軽く小麦粉(材料表外)をはたいておく。
⑦あら熱がとれた⑤を⑥のおなかに入れて、たこ糸と針でおしりと頭の部分も縫いつけておく。両足も糸でしっかり結ぶ。
⑧鶏全体にオリーブ油を塗りつけ、焦げ防止のため、キャベツの外葉を上に置いて、180℃のオーブンで50〜60分焼く。
⑨キャベツを取り外してさらに20分焼き、しっかり焦げ目をつける。

毎年、クリスマスが近づくと真っ先に思い浮かぶのは、母の作ってくれるこの料理。こんがりとよく焼き色をつけた鶏の中には、しっかり塩、こしょうをきかせたきのこ。鶏のおなかにたっぷりきのこを入れるのが、母のレシピなのです。

お客さまが多かった頃などは、一度に四羽焼いたこともあるようですが、最近は二羽くらいを私たち娘家族などといっしょに分けて食べます。もものところには、ソレリスと呼ばれる、関節の横の小さな筋肉があってとてもおいしいので、一羽に二つしかないその部分を誰が食べるかで、毎年問題が発生します。父を筆頭に、お肉大好き、大食漢ぞろいのうちの家族ならではの光景かもしれません。

そんな家族の食事を作り続けてきたせいか、母の料理はいつも量が多め。そして遺伝なのか影響されたのか、私も気がつくと多め作ってしまいます。その私でさえ、この鶏に入れるきのこの量には、さすがにびっくり。しいたけ、マッシュルーム、舞茸、しめじ……。各種類三〜四パックくらい用意しています。「たくさんの種類を使ったほうが味に奥行きが出る」というのが、母の説。大きな中華鍋でたっぷりのオリーブオイルとにんにくとともに、大量のきのこをいためていきます。いい香りがしてくると、ついおなかがグウとなるのでそこからちょっとつまみ食い。「まあちゃんは、つまみ食いが好きよね」と、母に言われますが、うちの娘も同じなので、これもやっぱり遺伝なのか、私の影響なのか。

キッチンからいい匂いがすると、今度は父が周りをうろうろし始めます（本人には内緒ですが、「腹減りじいじ」と呼ばれています）。ふだんは何もしない父が、メニューを見てお酒の準備を始め、いろいろとワイングラスを出したりする様子は、ほほえましいものです。鶏肉を堪能したあとはパスタをゆで、肉の味がしみ込んだきのことからめて食べます。ここでは普通のスパゲティーニを使いましたが、母は太いフェトチーネが合うといいます。そのほうがソースがよくからむからなんだとか。

余ったきのこはびん詰にしておすそ分けしたり、冷凍保存してお昼に食べるパスタのソースにしたりしているようです。「かける手間は同じだから多めに作っている」のだとか。家事をやりくりする主婦ならではのアイディアです。

おせち　私は黒豆ときんとんの係

［きんとん］
材料　作りやすい量
栗の甘露煮・・1kg
さつまいも・・大5〜6本（1.5kg）
水あめ・・200g
砂糖・・600g

作り方
①さつまいもは3cmの輪切りにし、厚めに皮をむく。水にさらしてから、ざるにあげておく。
②厚手の鍋に水を入れ、①を水から入れてゆでる。
③火が通ったら、ゆで汁を捨て、栗の甘露煮のシロップとともにフードプロセッサーにかける。
④③を鍋に戻し、水あめと砂糖を加え、30分〜1時間、弱火にかけ、絶えず鍋底からかき混ぜる。最後に栗の甘露煮を加えて混ぜる。

［黒豆］
材料　作りやすい分量
黒豆・・300g
水・・2ℓ
砂糖・・200g
しょうゆ・・大さじ3
塩・・大さじ½

作り方
①黒豆はよく洗ってから、一晩水につけておく。
②鍋に①を水ごと入れ、砂糖を加えて強火にかける。煮立ったらあくを取り、弱火で1〜2時間煮る（途中、あくが出てきたら取る）。
③煮汁がひたひたになり、黒豆がやわらかくなったら、しょうゆ、塩を加えて火を止める。そのまま味をふくませる。

おせちの準備の中で、きんとん作りは私たち子供の仕事でした。裏ごしや、木べらを使って絶え間なくかき回すという作業は、三人姉妹の分担制。でも、そのうち疲れてきて、毎年必ずケンカになりました。「まあちゃん、もっとやって」とか「次はあっこちゃんの番だよ」とか。それでも、この裏ごしの作業こそ、なめらかで美しいきんとんには欠かせないとわかっているので、なんだかんだ言い合いながらもがんばって仕上げていました。

でも、ここ数年は私が係。なぜかというと、「魔法の機械」を導入したからです。フードプロセッサーで、さつまいもと栗のシロップをガーッとなめらかになるまで攪拌し、煮詰めていくだけ。つまり、ケンカの原因だった裏ごし作業をパスできるようになったのです。裏ごしをしないで作ったきんとん、母には「ちゃんと手でやりなさい」と言われるかしらと心配しましたが、つややかなきんとんを見てひとこと「わー、これは魔法の機械ねえ」。名づけ親は、母だったというわけです。

黒豆も、実家で母の指導のもとではありますが、毎年私が作っています。何度か、自分の家で本を見ながら作ってみたのですが、どうしてもおいしくできない。そこで結局、実家で作るという方向に。それにしても、あとどれくらい実家で作ったら、自分にもおいしい黒豆が作れるようになるのでしょうか？

お正月の母の定番　牛のたたき

材料
牛肉たたき用・・・1kg
しょうゆ・・・1カップ
酒・・½カップ
ゆずの輪切り・・・1個分
A 焼き目をつけた長ねぎ・・・1本分
長ねぎの青い部分・・・1本分
しょうがの薄切り・・・1かけ分
クレソン・・2〜3束
おろししょうが・・適量
ゆずのしぼり汁・・適量

作り方
①牛肉は、Aのつけ汁につけ、最低3、4時間冷蔵庫に入れておく。
②つけ込んでおいた肉を取り出し、網で両面をこんがりと焼き、焼き色をつけたらまたAに戻し、さらに冷蔵庫で一晩おく。
③牛肉を薄切りにして、クレソンを添える。Aとおろししょうが、ゆずのしぼり汁でいただく。

年中無休のコンビニやスーパーが当たり前になって、「お正月だからお店が開いていない」なんてことはすっかり昔話になってしまいました。かつては年末にこれでもか！　というくらい食材をいろいろ買い込んでいた母も、その必要がなくなったと言います。

私が子供の頃のお正月といえば、来客が多く、重箱にきれいに並べられたおせちから子供が好きそうなおかずまでいろんなものが食卓にあがっていました。いつもは洋風な我が家のテーブルも、このときだけは特別。ハレの日のごはんにふさわしく、塗りの箸置きやお敷きなど、お正月の雰囲気のセッティングになって、気持ちが改まったものです。

娘たちが独立し、父が仕事を引退してからは、来客も減り、元日でもお店が開くようになったことも手伝って、母のお正月料理も年々簡略化してきているようですが、「これだけは」というものは、しっかり残っています。そのひとつが、「牛のたたき」。

大晦日の夜、つけ込んだ牛肉が冷蔵庫に入っていると、「ああ、明日から新年なんだ」と思います。食べるのはいつも元日の夜。おせちを軽くつまんだあとにいただきます。つけ合わせは決まってクレソン。ゆずやしょうゆ、しょうがなどのつけだれといっしょに本当にたくさん添えます。そして、最後に炊きたてのごはんというのが、定番のコース。おせちの味にすぐ飽きてしまう家族のために、ちゃんと前日から作り置きしておく、母の知恵ともいえるメニューです。

漆器を使う日

季節ごとに器を衣替えする、とまではいきませんが、なんとなく季節に合わせて使いたい器は決まっています。「これには、これ」という組み合わせも自然とできてきました。お正月にも、決まったお椀とお皿、お箸があります。お椀とお皿は京都の骨董屋さんで手に入れました。こんなつやのあるものは、私にとってはかなりの冒険でしたが、新鮮でもありました。そのあと立ち寄ったお箸屋さんで同じ色合いのお箸を発見したので、気に入って購入。このセットを「お正月用」と勝手に名づけ、以来、お正月にはこの器とお箸を使うようになりました。

実家にも、お正月にだけ使う漆器がありました。大晦日になると、ふだんは使わない棚の上のほうから、母が「よいしょ」なんて言いながら薄紙に包まれた漆器を出していたのを思い出します。

薄紙に包んで保管する「とっておき」だけでなく、私はふだんから漆器をよく使います。使い終わったらぬるま湯と布でやさしく洗い、よく乾かせば、扱いにそれほど気を遣う必要もありません。むしろ、毎日使うとだんだん肌になじんでいくようなよさがあります。ただし、やっぱり傷はつきやすいので、片づけるときに磁器のお椀などと重ねないように、と娘には教えています。おそるおそる使う必要はないけれど、大切に扱う気持ちは育ってほしいな、と思っているからです。

ガレット・デ・ロワ

焼き菓子好きな娘は、「お人形が入ったお菓子」というとすぐさま反応するほど、このガレット・デ・ロワが大好き。我が家ではお正月が過ぎると、「そろそろ、いつものお店のあれが食べられるな」という期待感が高まります。

パイ生地の中にアーモンドクリームを詰めて焼いた、とても素朴なフランスの伝統菓子なのですが、中にフェーヴと呼ばれる小さな陶器の人形が忍ばせてあるので、自分に切り分けられたピースにそれが入っていれば、その日は王様、または女王様になれる、という遊びも楽しめるのです（必ず、上に紙製の王冠がのっけてあります）。

娘は、初めて食べたときにフェーヴがあたったので以来毎年、「女王様になれる」と思い込んでいるようです。

今年は、このお菓子のフランスでの楽しみ方というのをまねしてみました。

集まった人たちの中で一番小さい子がテーブルの下に隠れ、切り分けられた一つ一つをだれにあげるか指示するのです。これなら、だれにフェーヴが渡るか、ごまかしがきかないというわけ。

めでたく今年も娘がフェーヴを手にし、王冠をかぶってニコニコ顔でほおばっていました。

こうして、毎年の思い出といっしょに、フェーヴを一つ一つ増やしていっています。

シチューは無水鍋で

材料
牛肉（シチュー用）・・500g
玉ねぎ・・2個
にんじん・・2本
じゃがいも・・3個
バター・・大さじ3〜4
薄力粉・・適量
塩、こしょう・・各適量

作り方
①牛肉、野菜はそれぞれ食べやすい大きさに切る。
②牛肉に、塩、こしょうをふり、薄力粉をまぶしておく。
③無水鍋（または厚手の鍋）にバターを入れ、牛肉を中火でいためる。
④牛肉にしっかり焼き色がついたら、野菜を加えていためる。
⑤材料がかぶるくらいまで水を加え、ふたをして1時間くらい弱火でコトコト煮る。
⑥塩、こしょうで味をととのえる。

子供の頃、一度だけ父がキッチンに立ったことがありました。そのときのメニューが、このシチュー。本当に一度きりでしたが、とてもおいしかったと記憶しています。

いつもは母の定番メニューで、無水鍋でぐつぐつと大量に煮ていました。このシチューはこの鍋で作る、と決まっているようです。

母愛用の無水鍋は、使い続けて三十五年以上！　今では年季が入ってすっかり真っ黒になってしまいましたが、まだまだ現役。こうした煮込みはもちろん、餃子も上手に焼けるし、すのこを敷けば茶碗蒸しも作れる。オーブンのなかった頃には、これでケーキやシュークリームも作ってくれていました。たくさんの「うちの味」を支え続けているこの鍋は、私にとっても、愛着のある台所道具のひとつです。

あるとき無性《むしよう》にこのシチューが食べたくなったので早速《さつそく》作ってみたのですが、なんだか母の味ではありません。

ポイントを電話で尋ねてみると、牛肉に塩とこしょうをよくきかせること、余分な粉はしっかり落とすこと、との答え。

さらに実家で作るところを見ていたら、違いがわかりました。バターをたっぷりと使っていたんです。そして、「大丈夫かな？」というくらい肉にしっかり焦げ目をつける。

つくづく母の料理には迷いがありません。これは、「肉を焼く」ときに特に必要なのかも、と思います。

私はついつい「大丈夫かな？」「火が通っているかな？」と、素材をひっくり返したりしてうまみを逃してしまうタイプですが、母は強火でガーッと火を通し続けても、完璧な焼き加減。これこそ、経験の差なのでしょうか。

味加減についても同じことが言えます。「この分量はどれくらい？」「カップいくつ？」と聞いても、返ってくるのは、「ベロメーターよ」のひとこと。つまり舌で測るということ？何度も作った人が言うからこその、説得力のある言葉です。

お肉じゅうじゅう開催!

材料
牛肉(焼き肉用)・・1kg
キャベツ・・1個
玉ねぎ・・適量
貝割れ大根・・適量
にんにく・・好きなだけ
牛脂・・適量
にんにくみそ(52ページ参照)・・適量
こしょう・・適量

作り方
①キャベツは、よく洗って1枚ずつ葉に分けておく。玉ねぎは薄切りにし、貝割れ大根は根を切り落としておく。にんにくも薄切りにしておく。
②鉄板の真ん中に牛脂をのせ、その上ににんにくみそを置き、周りににんにくをならべて、肉を焼いていく。
③各自キャベツの上に、肉、にんにくみそ、好みで野菜をのせて、こしょうをふり、包んで食べる。

我が家は、本当に人がよく集まる家でした。しょっちゅう家族以外の人が晩ごはんを食べに来ては、にぎやかに食事をしていたものです。

大勢が集まる日のメニューの中で、私たち家族が一番好きだったのが、「お肉じゅうじゅう」。家族のお祝いとか、特別な日の定番でもありました。私が生まれるずっと前から作っていたそうなので、もう四十年くらいは作り続けていることになります。

もともとは、母が何かを見て作り始めたようですが、何度も作っているうちに家族の好みに影響されて「おそらく最初とはずいぶん違うものになっていると思う」とのこと。

ひとことで言えば、「牛肉のにんにくみそ焼き・キャベツ包み」という感じになるのでしょうか。作り方はとてもシンプル。年季の入った鉄板の真ん中に牛脂を置き、上に母特製のにんにくみそ（52ページ参照）をのせます。脂がじゅわっとにじみ出た頃を見計らって牛肉を焼き、キャベツに包んで食べるのです。初めてのお客さまは、お皿に盛られた肉の量に必ずびっくり。一回で消費する量が半端ではないのです。でも、焼けたにんにくみそや肉の香りがし始めると、途端にみんなすごい食欲に。

キャベツもまたすごい量ですが、これも驚くほど食べられるのです。生野菜が苦手なうちの娘も、「お肉じゅうじゅう」のキャベツは、なぜか大好き。母が言うには、これはレタスでは絶対にだめなんだとか。味も食感もキャベツくらいしっかりしていないと、肉やみそに負けてしまうんだそうです。

貝割れ大根や玉ねぎのスライスをはさんだりと、食べ方は自由ですが、子供たちにはごはんの上に焼いた肉とにんにくみそをつけて食べる「お肉ごはん」が人気。私たち大人も、さんざんキャベツ包みで食べたあと、この「お肉ごはん」をいただきます。でも、それは本当に最後の最後。このメニューには欠かせない箸休め、エシャロットのサラダや葉野菜のサラダでときどきおなかと口をさっぱりさせては、また鉄板に手が伸び、つまり、お肉→野菜→野菜→お肉……、間にお酒と、長い時間をかけて飲んで食べて……エンドレスで宴会は続くのです。

最後にひとつ。「お肉じゅうじゅう」の開催が決まったら忘れてはいけない、大切な気構えをお教えします。

にんにくの香りが部屋中に立ち込めるので、お風呂は食べたあとで入ること、ほかの部屋の扉は閉めておくこと、そのあと二〜三日は部屋がにおうことを覚悟すること、洗濯できるものを着てくること。そしてダイエットのことは、その日だけでもあきらめること。

これで安心しておいしく食べられるはずです。

ところで、私たち三姉妹は、毎年母のにんにくみそを分けてもらって帰るくせに、自分の家でこの料理を作ることはほとんどありません。それを知った母は、「あなたたち、お肉じゅうじゅうは、ここ（実家）でみんなで食べるのが一番！　なんて私をのせるけど、ホントは自分の家ににおいがつくのがイヤだからでしょう！」と、ぶつぶつ。

でも、実家で食べるとやっぱり何かが違うのは、本当なんだけどなあ。

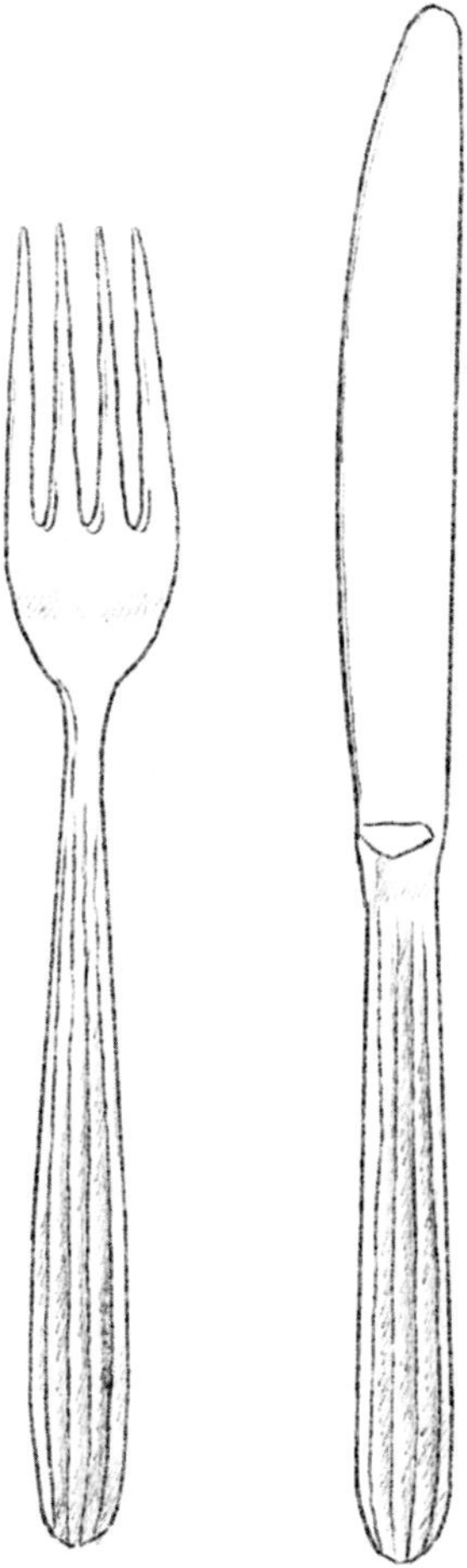

その後の母のレシピ

なすとツナのパスタ

材料(2人分)
ツナ缶・・1缶
なす・・2個
しょうゆ・・少々
サラダ油・・適量
パスタ・・適量
塩・・適量
こしょう・・好みで

作り方
①ツナ缶は缶の中で身をほぐしておく。なすはヘタを取り、縦半分に切ってから、縦に薄切りにする。
②たっぷりの湯に塩をし、沸騰したらパスタをゆではじめる。
③フライパンに油を熱し、なすをいためる。しんなりしたら、ツナ缶をオイルごと入れ、さらにいため、しょうゆを回しかけて味つけする。
④ゆで上がったパスタを③に入れ、よくいため合わせる。好みでこしょうをふる。

娘と連れ立って実家に遊びに行くのは、たいてい休日のお昼前。母が作ってくれるお昼ごはんが目当てです。

庭で摘んだ蕗の葉のいため煮や、塩鮭を焼いてほぐしたもの、明太子を食べやすい大きさに切ったもの……冷蔵庫をのぞくといつも、おいしそうなびん詰が入っているので、それと白いごはんがあれば十分なのですが、母は「せっかくだから何か作るわ」と言い、台所に向かいます。

そんなときに娘がリクエストすることの多いのが、なすとツナのパスタ。私も子供の頃から好きなパスタのひとつです。

実家を離れてからは、母の味を思い出しながら作っていたのですが、どうも味が違う。きっとおいしい秘訣があるはず。そう思って作り方をじっくり観察していると、それがなんともシンプルなのです。

使う油はサラダ油。オリーブオイルに凝ることも、にんにくで香り出しをすることもなく、味つけは最後に少したらすしょうゆのみ。

「ツナはオイル漬けのブロックタイプ」「パスタはやや平たいリングイーネ」。どうやらこのふたつは譲れないポイントらしいのですが、「でも、どこでも手に入るものよ」と母はいたって涼しい顔。

強いて言うならば、おいしさの秘訣は「年季」でしょうか。繰り返し何度も何度も作った家の味は、まねしようにもすぐにはまねできない。母の年齢に近くなった頃、きっとおいしく作れるようになるのかもしれません。

ミートボール入りミートソース

材料
ひき肉(豚と牛が7対3)・・1kg
にんにく・・2かけ
玉ねぎ・・大3個
セロリ・・2本
マッシュルーム(缶詰、ホール・スライス)・・各2缶
トマトピュレ・・600g
トマト(水煮缶)・・3缶
オリーブ油・・適量
パン粉・・ひとつかみ
顆粒コンソメ・・大さじ1
ウスターソース・・適量
塩、こしょう・・各適量

作り方
①にんにく、玉ねぎ、セロリはみじん切りにする。
②大きな鍋にオリーブ油をひき、①を入れてよくいためる。
③しんなりしたら、肉の半量を入れ、火が通ったら、水をきった缶詰のマッシュルームと、トマトピュレ、トマトを手でつぶしながら入れ、30分ほど煮込む。
④残りのひき肉に、パン粉、顆粒コンソメを加えてよく混ぜ、丸めて、ミートソースの鍋に入れる。
⑤木べらでそっとかき混ぜながら火を通し、ウスターソース、塩、こしょうで味をととのえる。

母のパスタで忘れてはならないのが、ミートボール入りミートソースです。子供の頃からそれを食べて育った私は、ふつうのミートソースを見たときに、どうしてミートボールが入っていないんだろう？　と不思議に思ったものでした。

大人になってからは、ちょっとジャンクな缶詰のミートソースや、たたいた肉で作る本格的なミートソースの味も覚えましたが、やっぱりミートソースといえば母のそれ。ミートボールや、缶詰のマッシュルームがふんだんに入った、どこか懐かしい昭和の味は、私のまわりの大人たち、それも男性陣にも大好評です。

「お肉はなるべく上等なものを」そういって、信用のおけるスーパー内のお肉屋さんで選ぶその目は真剣。そうして選んだひき肉を一キロ使い、たくさん煮込んでは小分けして冷凍し、時々遊びにやってくる姪や甥にお土産として持たせているようです。パスタをゆでて、ソースを温めかけるだけ。慣れない独り暮らしをする彼らにとって、母のミートソースはきっと大助かりに違いありません。

おふくろの味って？

「おふくろの味」なんて言いますが、娘にとっての私の味ってなんなんだろう？　と思って尋ねたところ、首をひねるばかり。昨日の晩はギリシャ風なすのムサカ、今日は羊肉のクスクス、明日はベトナム風揚げ春巻きにしようか？　なんて、気分にまかせてあれこれ作る私に、「これ！」とすぐに思い浮かぶ味はないようです。

そこへいくと母はとても正統派。春巻きも、カレーも、ハンバーグもきちんと決まった味がある。いつだって安定していて、だれが食べてもおいしいと感じる味。「家庭料理」ってこういうことを言うんだろうなぁと、食べるたびにしみじみするのです。味にストライクゾーンがあるとしたら、母の味はまさにそれ。よく冗談めかして、母に定食屋をやったらきっと大繁盛間違いなし、なんて言っていますが、それはあながち間違いでもないでしょう。

さて、すぐに思い浮かばないという「私の味」ですが、娘に言わせるとそれは、料理とともに器やカトラリー、お敷きなどすべてがそろって「ママのごはん」なのだとか。作る料理によって、ぴたりと合う器を選び、テーブルの上にしつらえる私にとって、それは最高にうれしい言葉。ちゃんと見てくれていたのかと思うと、面倒がらずにやっていてよかったなぁ、なんて思うのでした。

バターは伊藤家の必需品

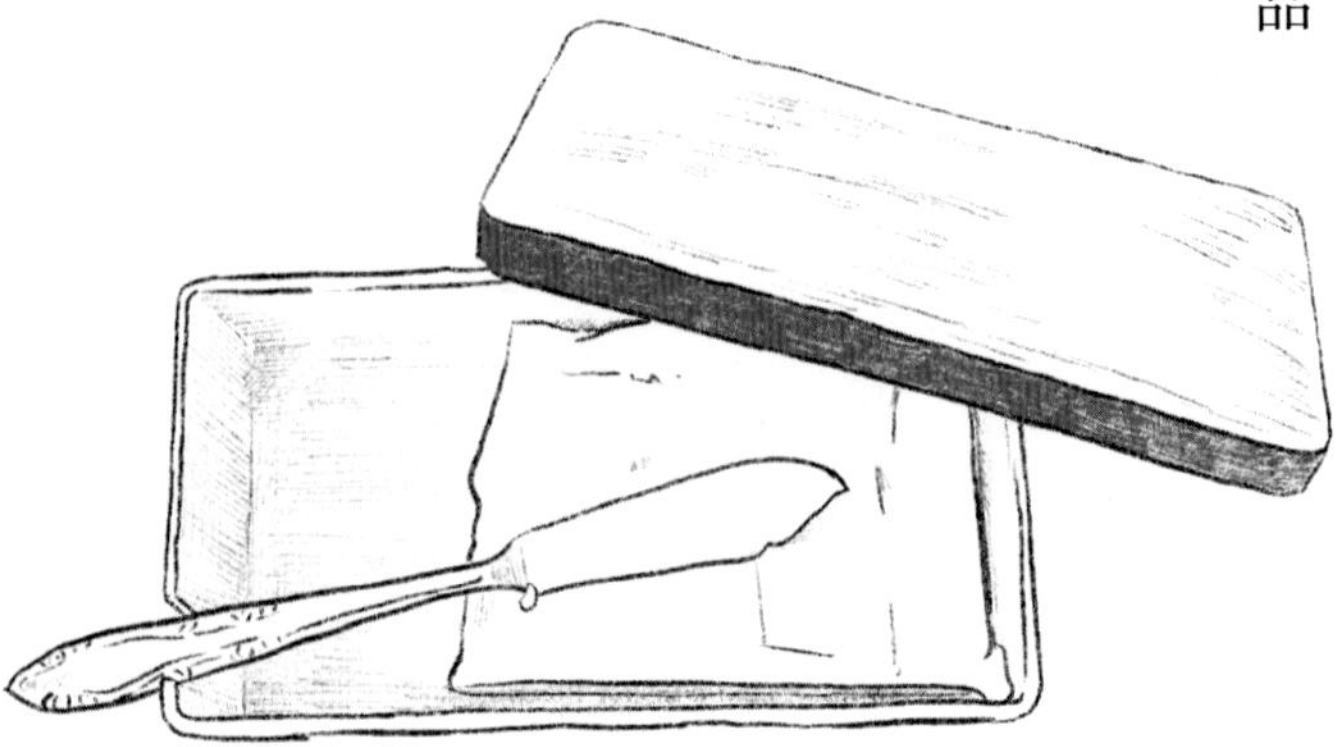

「バターは常備していない」という友人の言葉に驚いたことがありました。なぜなら伊藤家の食卓に、バターは欠かせないものでしたから。鉄板焼きやステーキを焼くのもバター、ハンバーグやカレーに入れる玉ねぎもたっぷりのバターを使っていためる……といった具合ですから、冷蔵庫にいくつかストックしているのは当たり前と思っていたのです。

友人いわく「一人暮らしだから、大きなものを買うと食べきれない」とのこと。ときどき贅沢して小さなサイズの発酵バターを買って、その風味と味わいを楽しんでいるのだそう。

その家ごとに、買いおきする食品はずいぶんと違うものですね。

ときどき、母の買い物につきあうのですが、母はいつも「そうだ、バターを買っておかなくちゃ」と言っては、乳製品のコーナーに向かいます。選ぶのは、私たちの目にも馴染みのある雪印のバター。

そんなにバターが好きならばと、海外へ行ったときに何度か、発酵バターを買ってお土産にしたことがありましたが、「昔から使っている、これが一番」とのこと。母にとってバターイコール雪印という図式ができあがっているようです。

冷蔵庫の扉のポケットには、もう五十年は使っているであろう、バターケースが鎮座しています。それは私にとって見慣れた風景。そのバターケースを見ると、ああ実家にいるんだなと思うとともに、母のバターを使った料理の味を思い出すのです。

カレーの極意

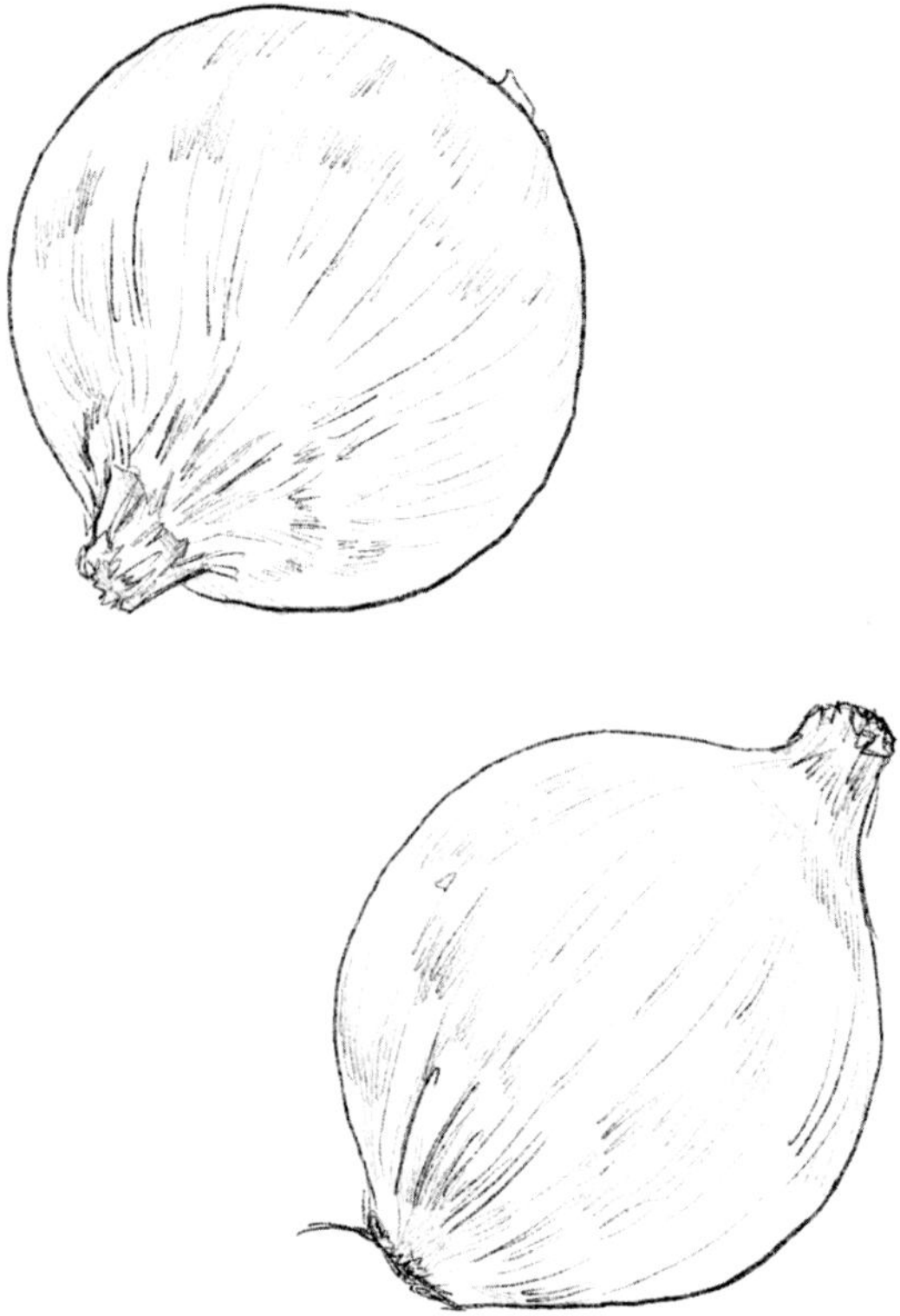

雪印のバターのように、母には「これにはこれ」という決まった調味料や食材があります。そのうちの一つが、ハウスバーモントカレーの中辛。娘はときどき「やっちゃんのカレーが食べたい」と言うのですが、これは「ハウスバーモントカレーを使った母のカレー」が食べたい、ということ。

どうやら母は娘の私より、孫にお願いされたほうがうれしいよう。胡春が食べたがってるよと伝えると「あら、そう？　胡春ちゃん、好きよね」なんて言いながらいそいそと台所に向かってくれるのです。

具は玉ねぎ、にんじん、じゃがいも、薄切りの牛肉。見た目は、なんとも普通な「おうちのカレー」なのですが、そこはやはり母。おいしくする秘訣がありました。

1　まずはたっぷりの玉ねぎをたっぷりのバターでよくいためること。

2　煮込んだカレーの最後に、もう一度いためた玉ねぎを入れること。

つまりコツの1、2両方ともに、いため玉ねぎが入るのです。

「最初に入れた玉ねぎはスープに溶けてしまうから」というのが二回に分ける理由。なるほど、だからこっくりした味になるのだ……と感心したのでした。

もう何十回、もしかしたら何百回と作ったであろうカレー。きっと「こうしたらおいしいんじゃないかしら？」と少しずつアイディアを盛り込んで今の味にたどり着いたようです。

朝食はトーストにエスプレッソ

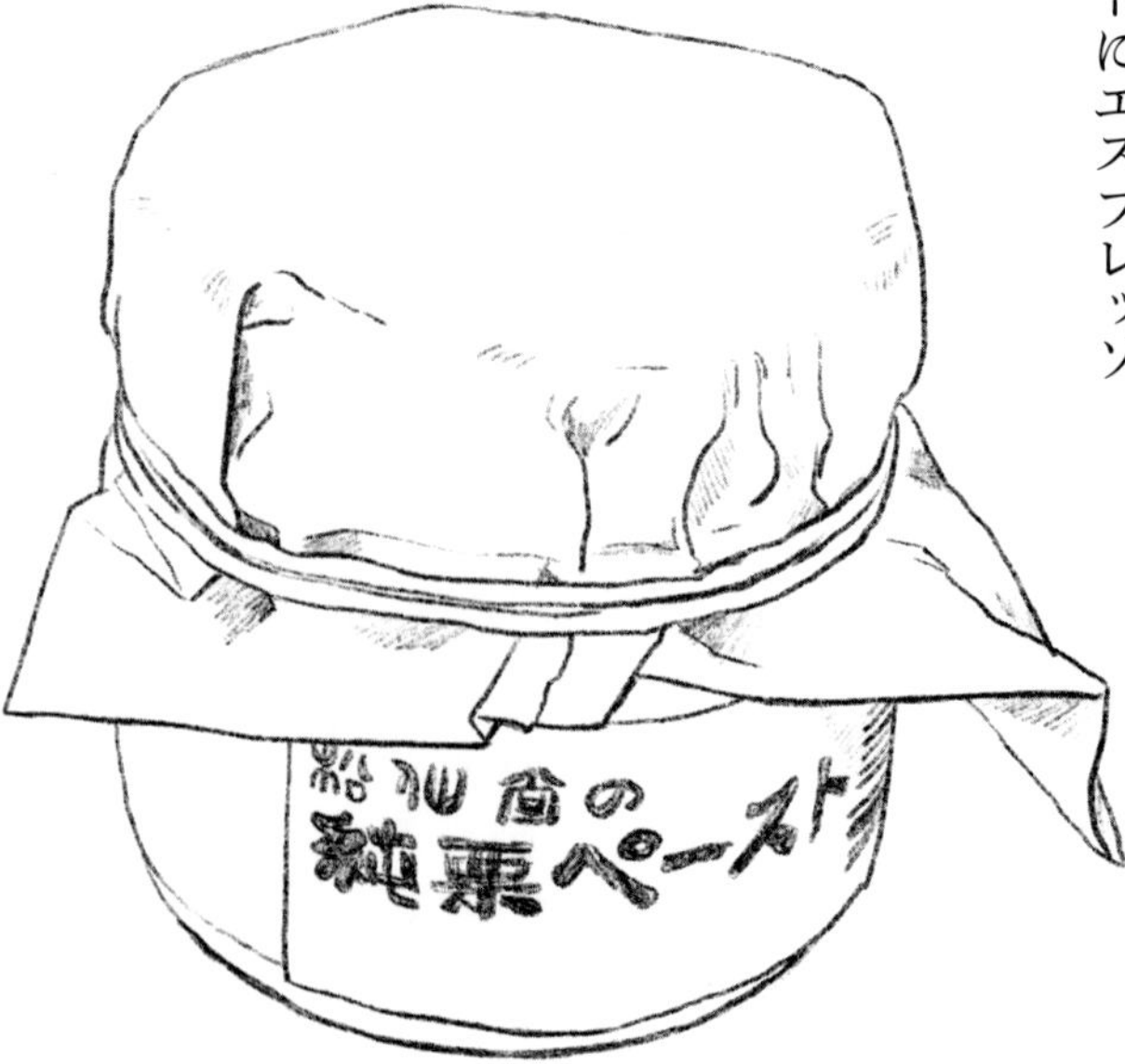

朝起きたときに、食べたいものを作る。食べたくなければ無理に食べない。これはもう十年以上続いている、私の朝食のスタイル。ごはんにおみそ汁、パンケーキにフルーツ、煮麵、うどん……冷蔵庫の中と相談しながら食べたいものを作ります。そこへいくと母は私が知る限りずっと、トーストとエスプレッソというシンプルなスタイルを通しています。しかも朝ごはんは、しっかり食べる派。抜くとお腹が空いて力が出ないんですって。

エスプレッソマシンを火にかけている間、トースターでパンを焼き、バターとジャムを用意。ジャムはアヲハタのマーマレードが気に入りだそうですが、もうひとつ小布施・松仙堂の栗のペーストも大好物。これは栗ペースト好きの母へと私が贈ったものですが、「今までに食べた中で一番おいしいわ」と太鼓判を押してくれたもの。以来、母のストックがなくなりそうになると、お店に連絡して送ってもらうことにしています。

実家に泊まった翌朝は、バターがたっぷりしみ込んだトーストに栗のペーストをこれまたたっぷり塗って、エスプレッソとともにいただきます。これが本当においしくて。ああ実家にいるんだなぁと思う瞬間でもあるのです。

いつもきれいに

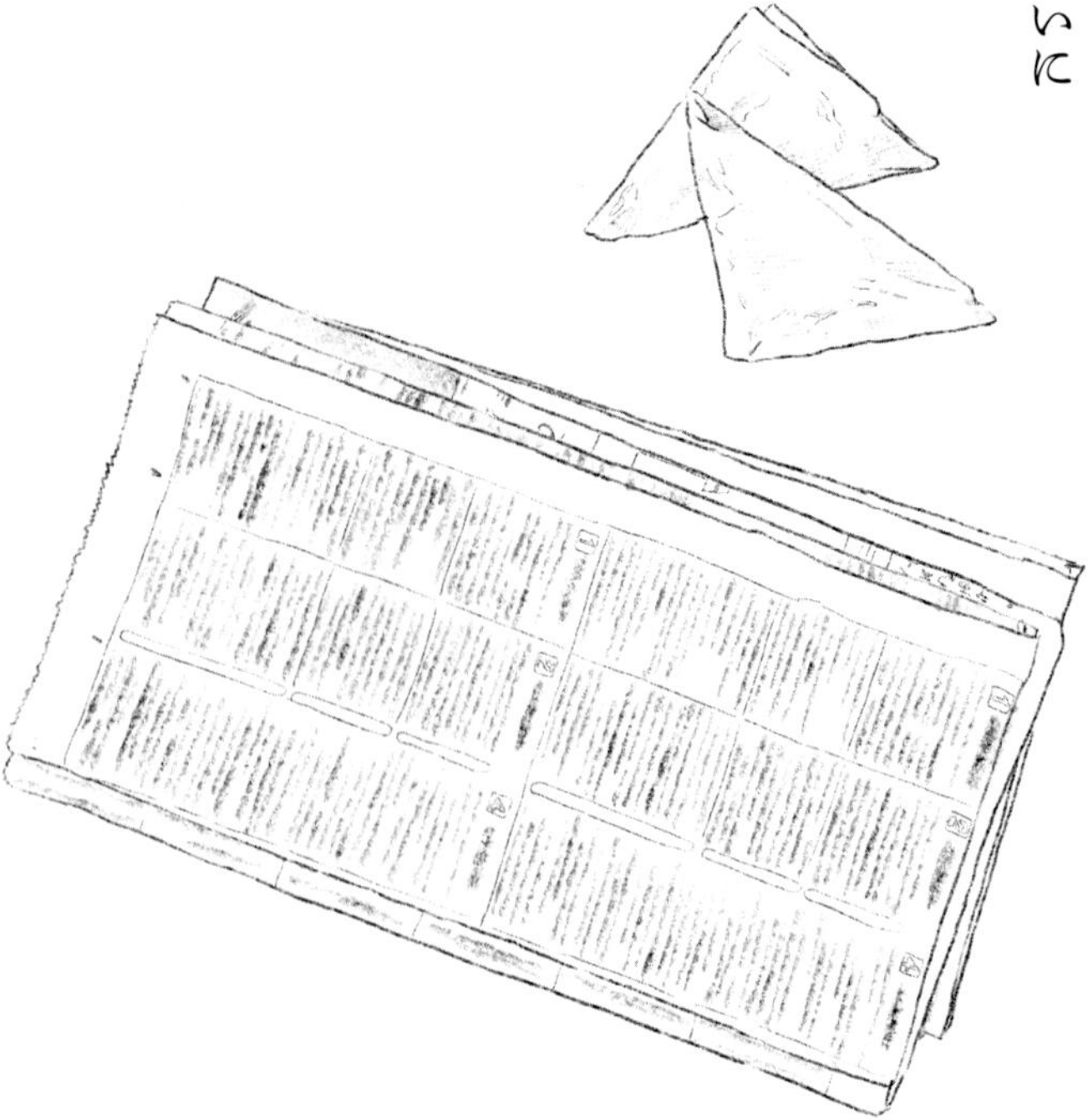

実家はいつ訪れても、きちんと片づいていて、清々しい空気が漂っています。家に入るとまず目につく玄関には、ゴミ捨てや新聞などを取りに行くときに履くサンダルが一足ちょこん。ときどき、庭の花が飾られていることがありますが、それ以外の無駄なものは一切置いていません。

家の中の整理整頓からはじまり、多い時は日に三時間以上もかかる庭仕事もあるのだから「家のことをしているとあっという間に一日過ぎちゃう」という母の言葉にも深く納得です。とはいってもルンバや食洗機を利用して、手を抜くところは手を抜く。家事をおっくうにさせない、そのさじ加減がいいなぁと思う。「せねばならない」という堅苦しさは母の家仕事からは感じられません。

中でも、私にはまねできそうにないのが、スーパーの袋を三角形にたたむことと、生ごみを包む新聞紙を使いやすい大きさにたたむこと。どちらも、ただたたむのではなく、そこに「きちんと、正確に」が入るところがすごいのです。理由を尋ねると「だってその方がきれいでしょ」と、こともなげに言うのですが、その一手間がどうしてもできない。

最近では、スーパーの袋たたみは、娘がお手伝いを買って出てくれるようになりました。「きちんと、正確に」は母譲り。遺伝ってこんなところにも出るんだなぁと思いながら眺めています。

煮込みハンバーグ

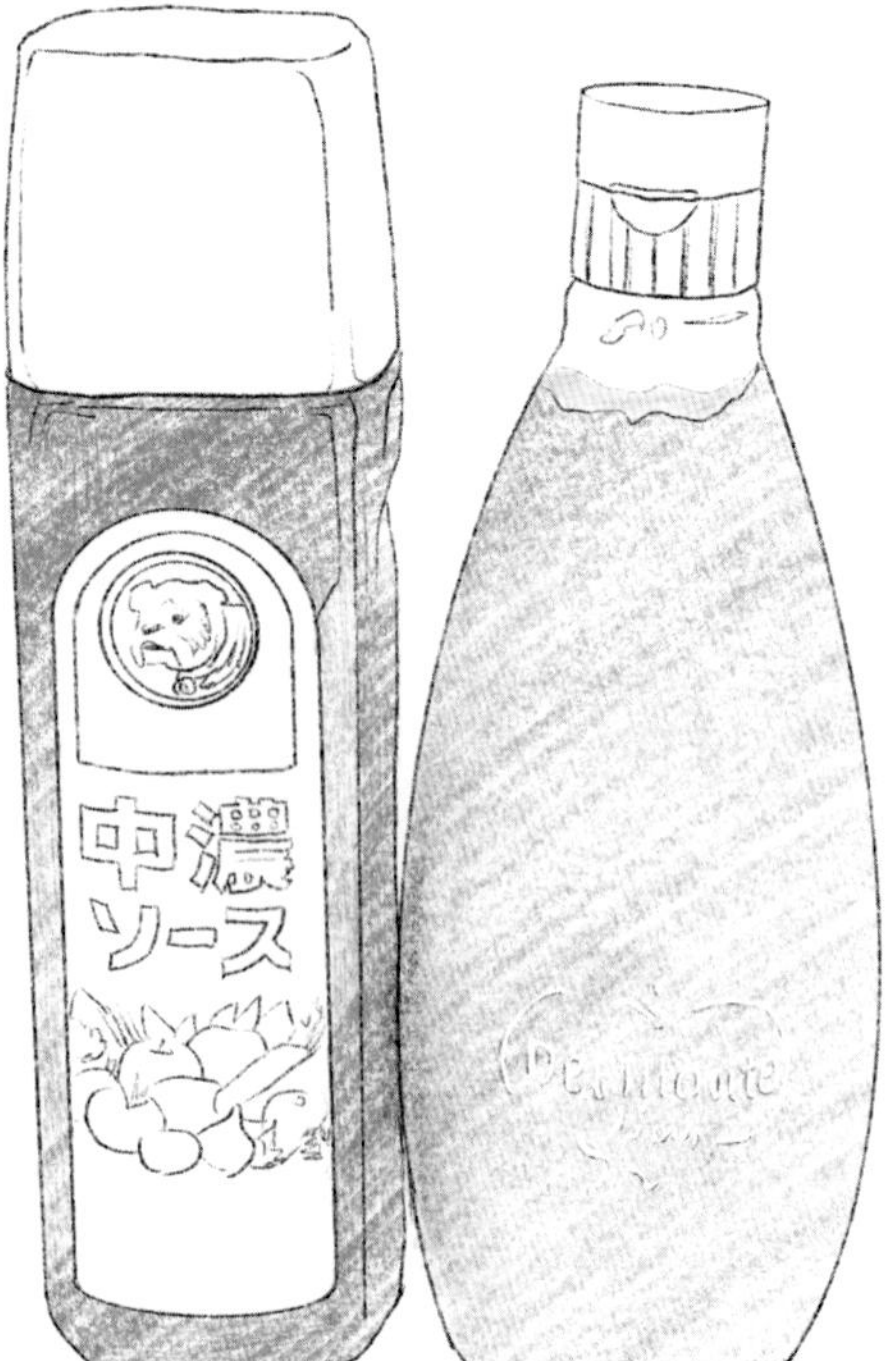

時々旅する街に、古くからある喫茶店。そこのハンバーグサンドを食べたとき、なぜだか初めてではないような錯覚を覚えたのですが、その味はまぎれもなく母のハンバーグなのでした。こんなふうに、旅先でふいに慣れ親しんだ味に出会えると、ちょっとうれしいものです。

母のハンバーグは、いわゆる煮込みハンバーグなのですが、ソースが独特。ウスターソースとトマトケチャップに加えて牛乳が入るのです。比率はウスターソースとケチャップがそれぞれ1ずつ、牛乳が2。両面をこんがり焼いたハンバーグにこのソースを入れ、軽く煮込んだらできあがり。赤ワインやデミグラスソースを使うものより断然、簡単。ちょっと作ってみようかな？　という気になるところがいいなと思っています。

ミートソース同様、母はこのハンバーグも一度にたくさん作ってひとつずつラップに包んで冷凍保存していますが、私もこの方式を受け継いで、時間がないときのお弁当作りや朝食（もちろんサンドにして）にと、ずいぶん助けられたものです。

娘が大きくなった今では、そうしょっちゅう作ることはなくなりましたが、それでもときどき食卓にあげると「わあ、ハンバーグだ！」とうれしそう。お酒が飲める年頃になった娘ですが、このときばかりは小さな頃の表情のまま。それがなんだかうれしいのです。

シャンパンの栓で作る椅子

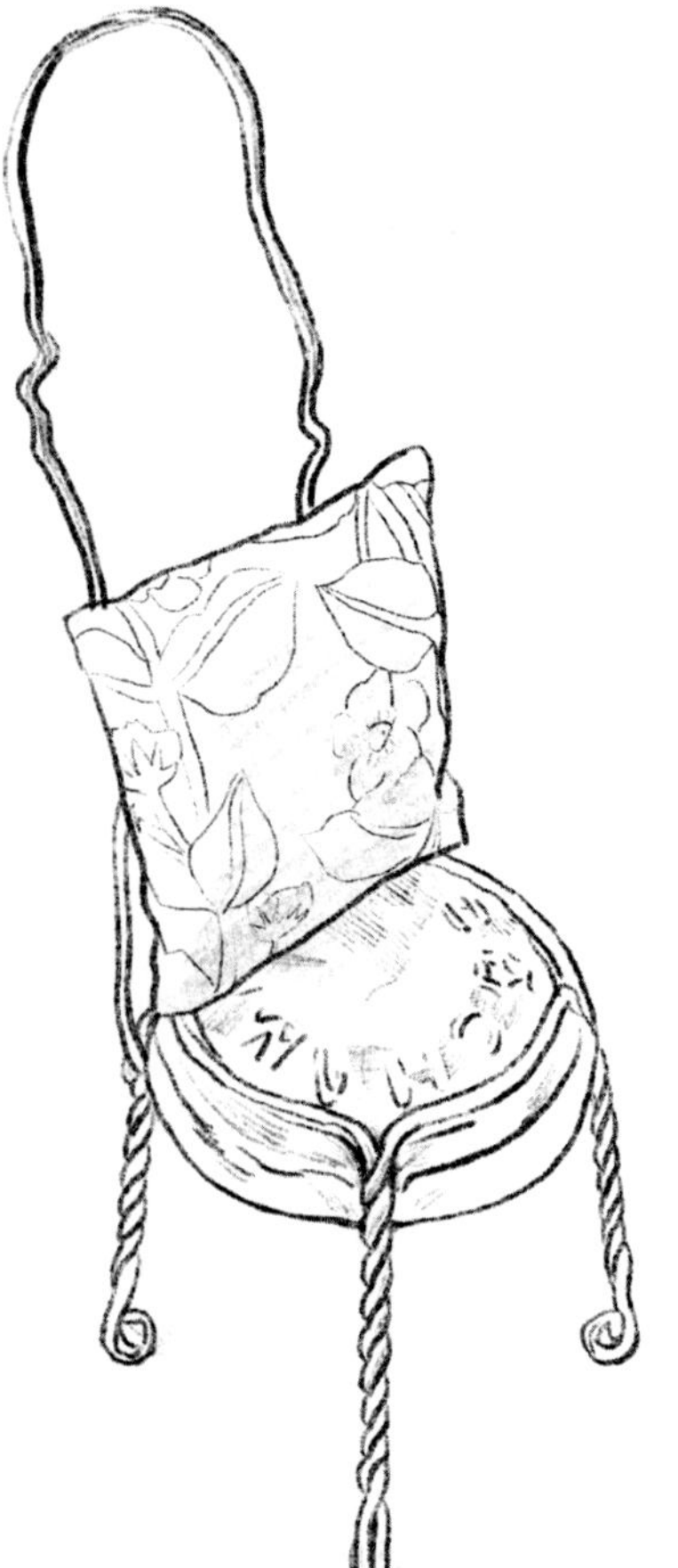

誕生日やクリスマス、お正月などはみんなが集まり、シャンパンを開けてお祝いをしたものです。ワインクーラーの中で出番を待っている様子や、開けるときのあのシュポン、という小気味よい音がなんだかうれしくて、わくわくした気分になったものでした。

子供たちが大きくなるにつれ、みんなが一堂に会して集まる機会はずいぶん減りましたが、それでもやはりお正月などには「シャンパン開ける?」となる。そう、シャンパンは伊藤家のお祝いごとには欠かせないお酒なのです。

あるとき、母が友人と訪れたレストラン。そこで見かけたシャンパンコルクのストッパーで作った小さな椅子が、とてもかわいかった、と母。その様子を思い出しながら分解し、作り方を解読し、さらにはそれに合った小さなクッションまで手縫いし……その小さな椅子はすっかり母の気に入りとなりました。

以来、私たち娘はシャンパンやスパークリングワインを飲むとストッパーは捨てずに取っておき、母のところへ持っていくようになりました。

座面はコルクの上にある丸いミュズレという金具。ミュズレを見ると「ああ、これはあのときの」なんて思い出す。椅子の数だけ、おいしい思い出が詰まっているのです。

鮭チャーハン

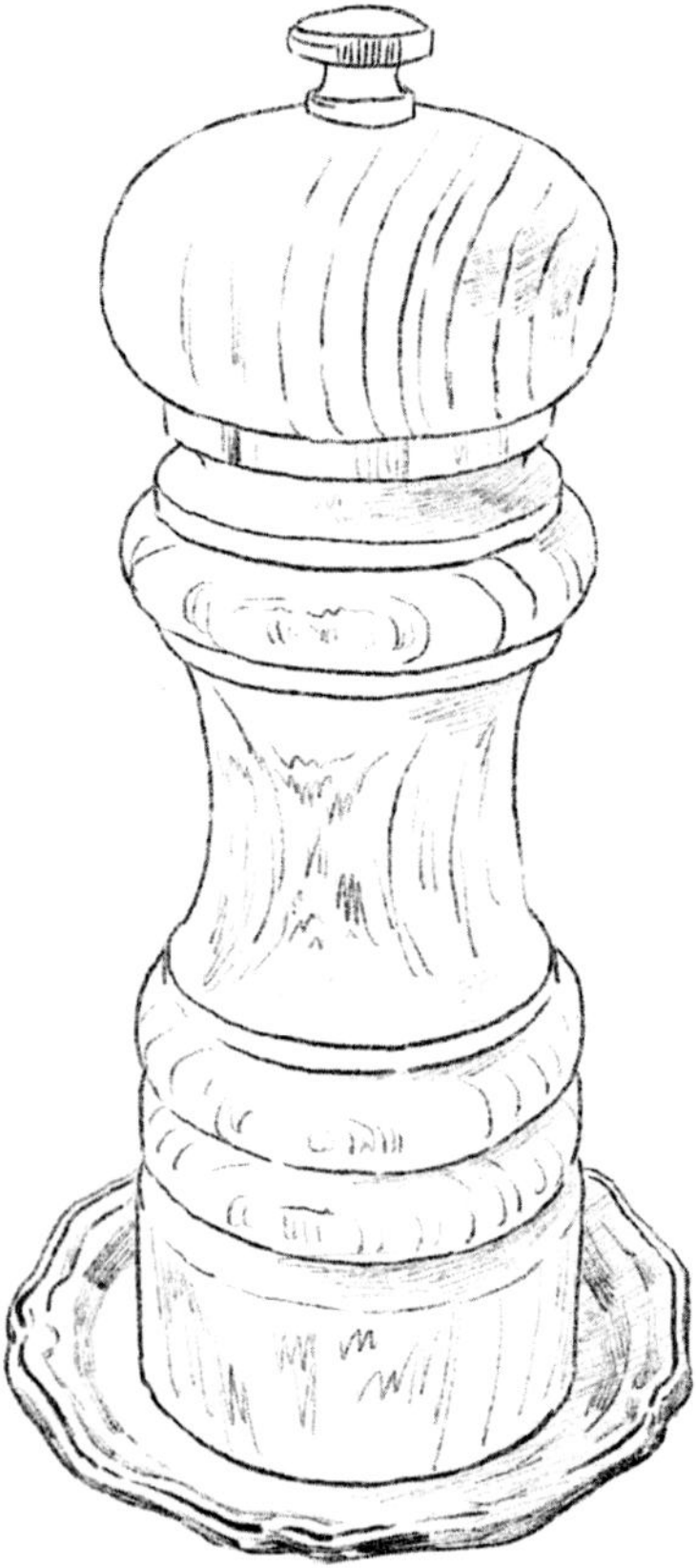

休日のお昼、なにかささっとごはんでも……というときに母がよく作ってくれたのが、鮭チャーハンです。

フライパンにバターを溶かし、ごはんを入れさっといため、焼いてほぐした鮭を入れさらにいため、仕上げに黒こしょうをたっぷりふったらできあがり。

鮭の塩けがあるので味つけの必要はなし。バターの風味とときおり感じるぴりっとした黒こしょうがごはんにからまってなんとも絶妙な味わいです。

鮭は焼いてほぐしたものをびん詰に、ごはんは、お茶碗一杯分ずつラップに包んで冷凍していたものをレンジで解凍して。冷蔵庫や冷凍庫に常備しているものを、うまくやりくりしておいしいひと皿を作る。しかもとびきり簡単でおいしいのだからすごいなぁと感心するばかりです。

このチャーハンに添えられることの多かったのが、とろろ昆布のお吸い物。お椀にとろろ昆布に薄く小口切りにした長ねぎとしょうゆをひとたらしし、お湯を注ぐだけ、という手軽さながら、滋味深い味がしてこれも好物でした。鮭チャーハンととろろ昆布のお吸い物。このふたつは、作ろうと思えば自分でも作れるのだけれど、母の作ったものが食べたいから、実家に遊びに行ったときの楽しみにしています。

豚肉のソテー

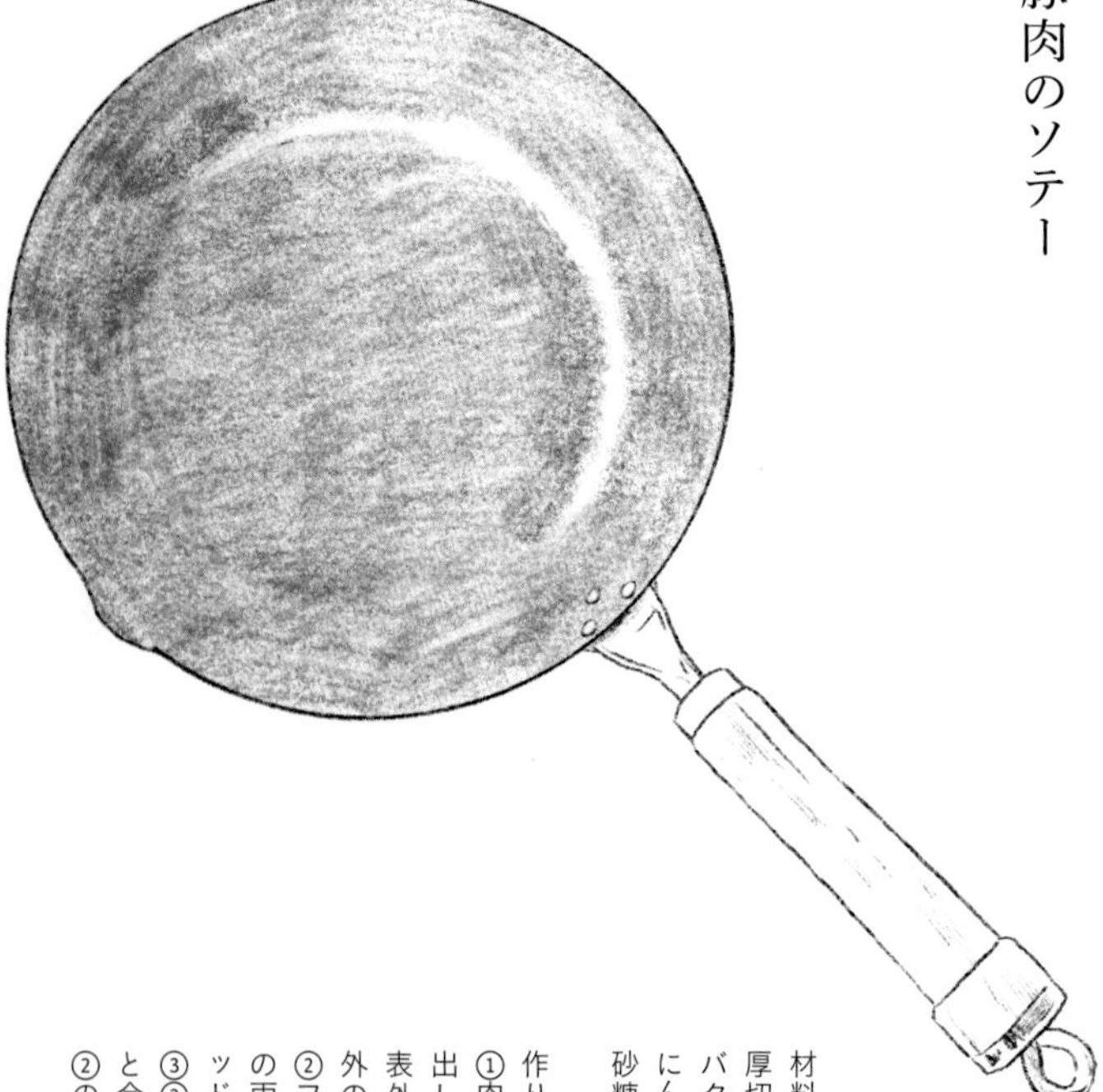

材料(2人分)
厚切り豚ロース肉・・2枚
バター・・適量
にんにくのすりおろし・・1かけ分
砂糖、しょうゆ、酒・・各適量

作り方
①肉は1時間ほど前に冷蔵庫から出し、両面に塩、こしょう(材料表外)をしておく。肉とバター以外の材料を合わせておく。
②フライパンにバターを熱し、肉の両面を焼く。火が通ったら、バッドなどに取る。
③②のフライパンに多めのバターと合わせた調味料を入れ、煮詰め、②の肉を戻してたれとからませる。

義理の兄がどこかの定食屋で食べた味を母が再現した、豚肉のソテー。それからかれこれ二十年以上たった今ではすっかり母の味のひとつになっています。

母はこのソテーに、せん切りキャベツと、フジッリやファルファッレで作ったゆで卵入りマカロニサラダを合わせるのがお決まり。ソテーとせん切りキャベツ、マカロニサラダと白いごはん。この四つの組み合わせは最高で、みんなが大好きなおかずのひとつです。

ときどき、甥っ子が遊びにやってくるときに作るのもこのソテーが多いとか。その日はおかずもたっぷり、ごはんもいつもより多めに炊いて、準備をします。

毎回、母はこんなに食べられるの？　と心配になるくらいの量のおかずを作りますが、さすが甥は若いだけあって、あっという間にペロリと平らげてしまうそう。その姿を見て母は大満足。「おいしそうに、たくさん食べる人が好き」なんですって。

このソテーを作るときに登場するのは鉄のフライパン。焼き加減がよく、とても使いやすいらしいのですが、なんとこのフライパン、義兄が大学生のときに使っていた思い出の品。いつか孫たちの誰かが、このフライパンを受け継ぐときがくるかもしれません。

グリーンフィンガー

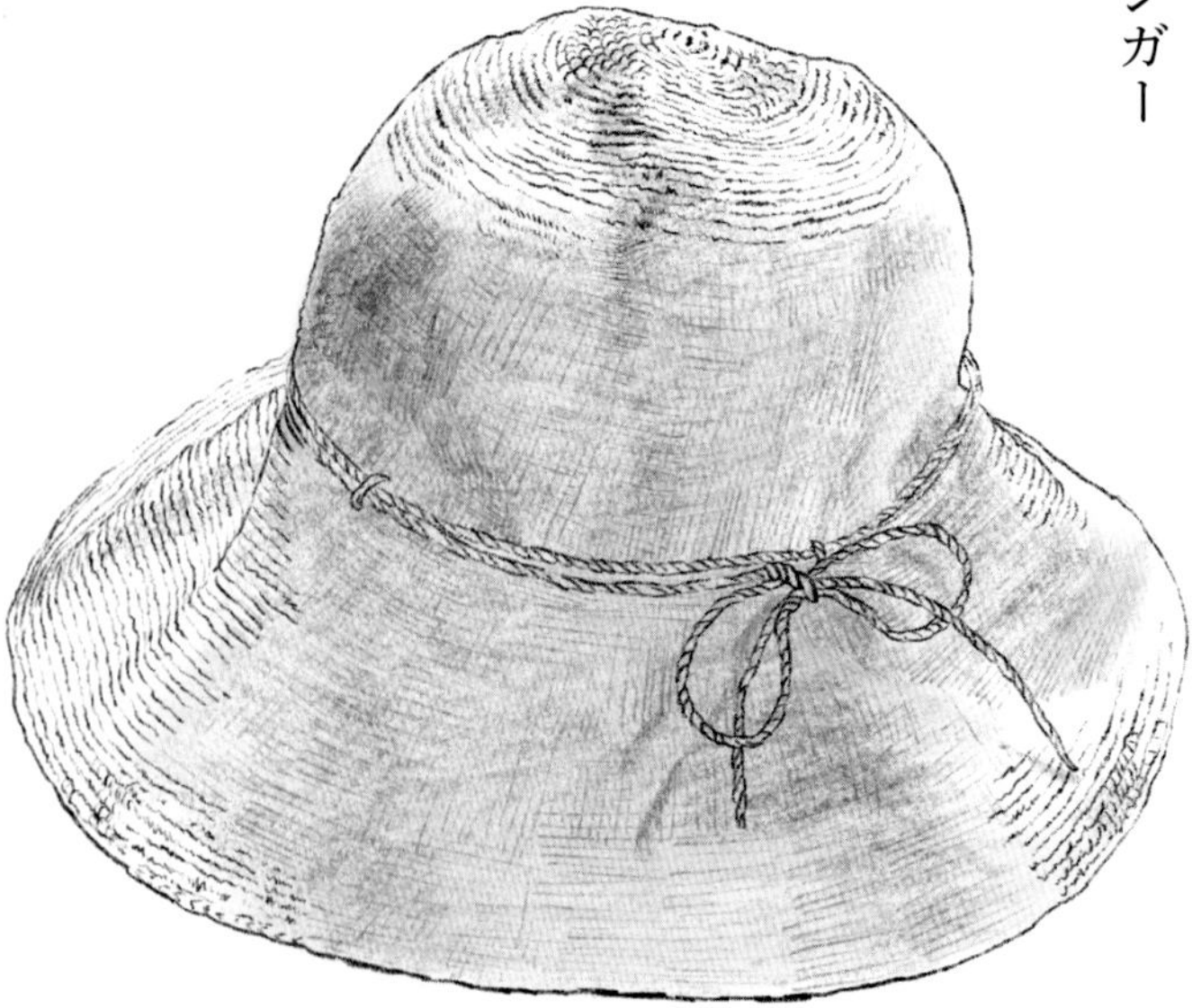

世の中には、植物を育てるのが得意な人がいて、その人たちのことを「グリーンフィンガー」と呼ぶそうな。だとしたら、母は紛れもなくそのうちのひとり。実家の庭の植物も、部屋のあちらこちらにちょこんと生けてある花も、不思議なくらいいつも生き生きしているのです。残念ながら私にはその「手」は遺伝しませんでしたが、まあしょうがない、それも才能のひとつなのだからと、今では諦めています。

母の家に行くとまず訪れるのが庭。そこにはダイニングの続きでウッドデッキがしつらえてあり、木のテーブルとベンチが置いてあります。ベンチに座ると庭の様子が一望できるのですが、そこから季節の移ろいを感じるのが毎度の楽しみ。

冬から春にかけては、クリスマスローズや薔薇が。その後、夏にかけてホタルブクロ、紫陽花、ラベンダー……ハーブはミントとローズマリーといった具合。私は庭に咲く、これらの花を摘んで花束を作り、家に持って帰って飾ることにしているのですが、売られている花とはまた違い、可憐な中にもちょっと野趣があってなんだかいい。

「放任主義だけれど、面倒はきちんと見る」そんな母のもとで育った花らしい味わいがあるのです。

興味を持つ

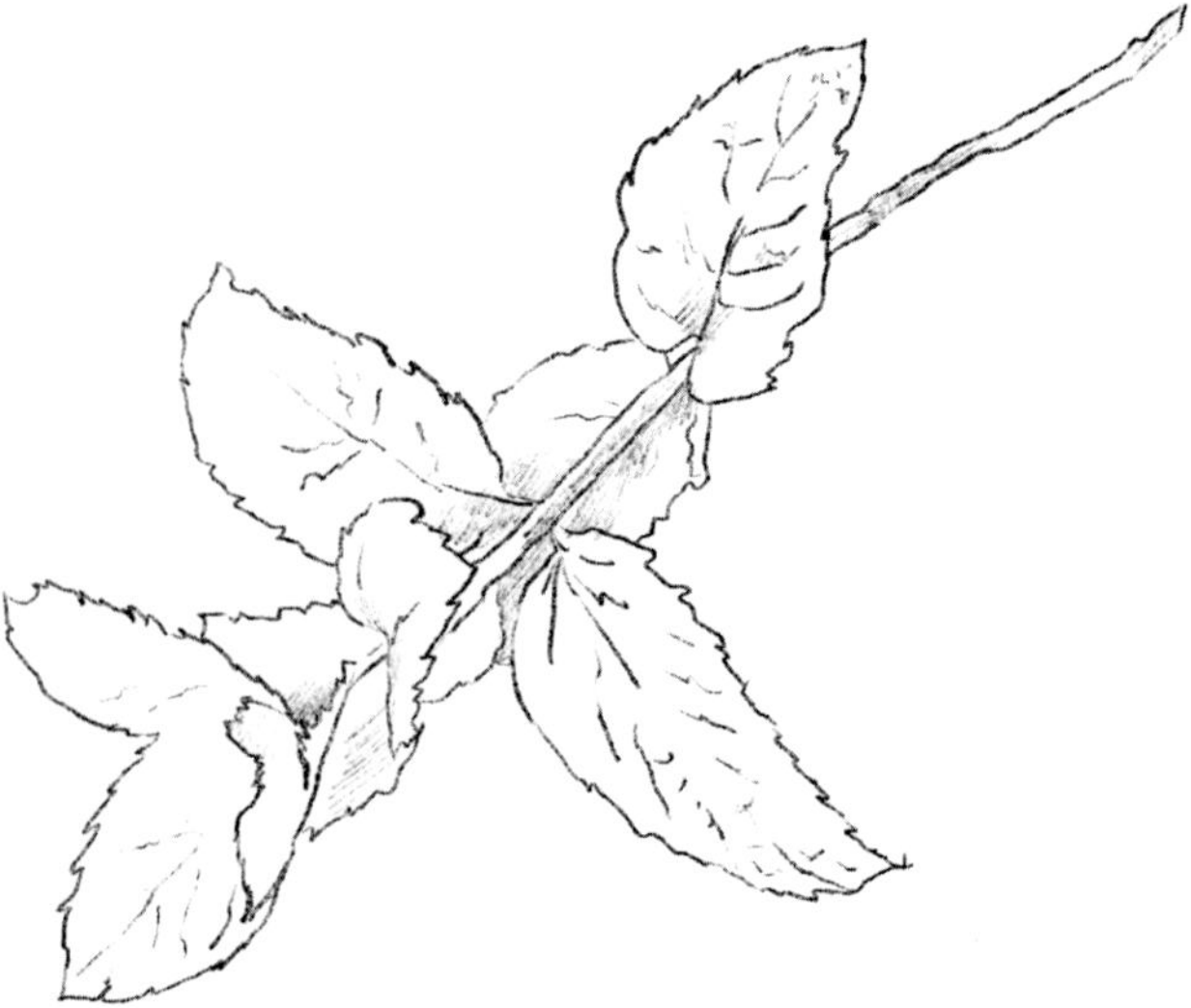

グリーンフィンガーならぬ「ブラウンフィンガー」な私ですから、自分で植物を育てることは諦めて、必要なものは母の庭で育ててもらうことにしています。

ひとつは、お弁当の仕切りや料理のしつらいに使う葉蘭。そしてもうひとつは、料理に飲み物にと、夏、ふんだんに使うミントです。

母いわく「一度植えたらあれよあれよと育っちゃったから、どんどん切って持って帰って！」とのこと。なるほど、大きな素焼きの植木鉢に、葉蘭もミントもちょっと窮屈そうなくらいびっしり生えています。

「葉蘭はわかるけれど、ミントって何に使うの？」と不思議そうにしていたので、モヒートやタブレ（クスクスを使ったサラダ）のことを教えると興味津々。

そういえば先日、母を連れてみんなで食事をしたときに前菜で頼んだ、いちじくバターを食べた母は「ふーん、簡単だしおいしいわね。作ってみようかしら」とたいそうな気に入りようなのでした。

こんなふうに「新しい味」にも興味を持つのって、年を重ねるとなかなか難しくなっていくものですが、母にはそれがあまりない。たのもしいことだな、自分もそうありたいなと思って見ています。

ホットサンドメーカー

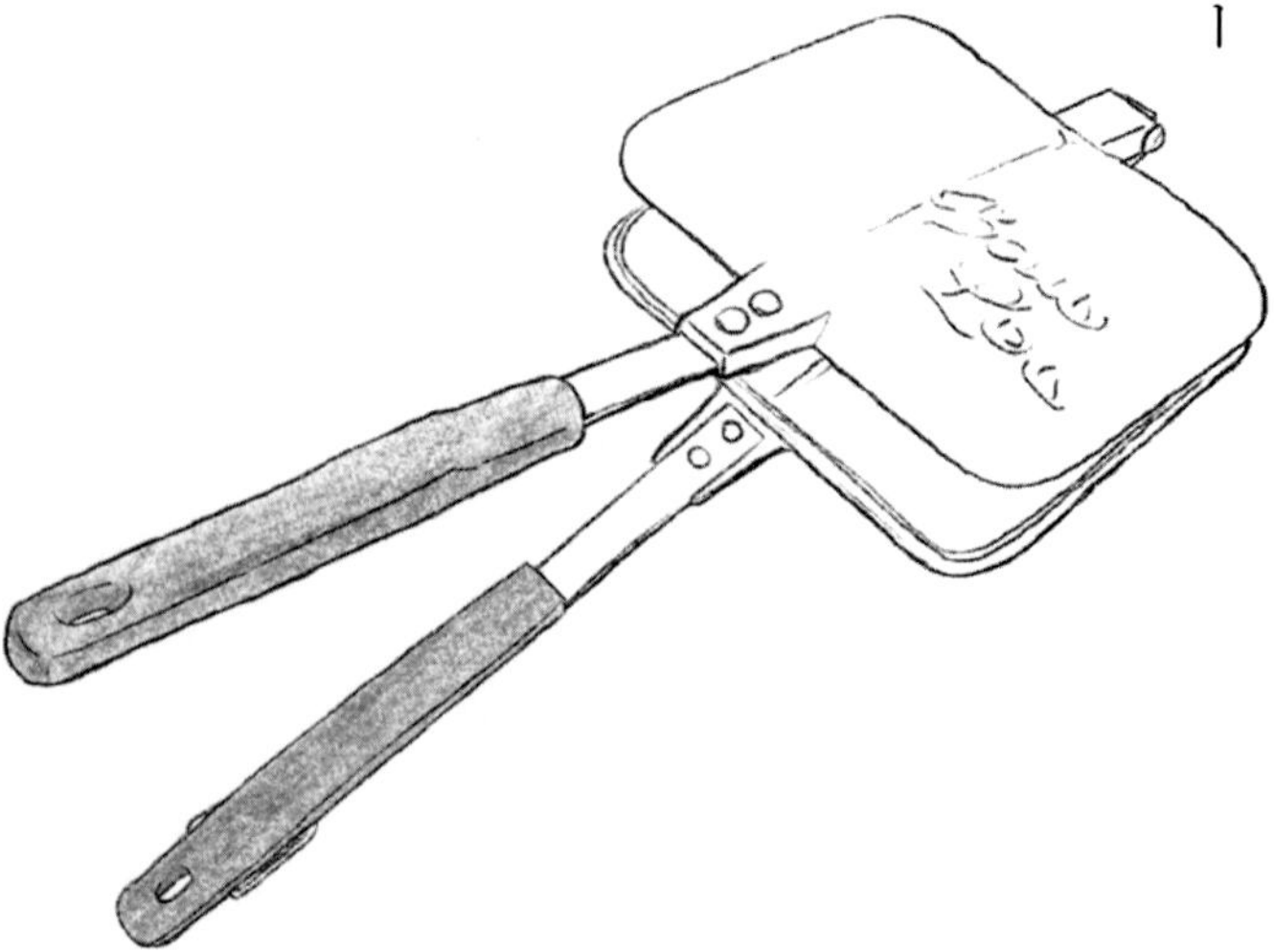

クッキーの型やシフター、ゴムベラ、すり鉢、ル・クルーゼの鍋など、母から譲り受けた台所道具はたくさんありますが、ときどき、棚の奥から出してしげしげとながめているのが、バウルーのホットサンドメーカー。

食パンをメーカーの内側に置き、具を入れてサンドし直火で焼く……という「メーカー」と呼ぶにはとても単純な仕掛けの道具です。

前の日がカレーだったらカレーサンド。定番は、チーズや玉ねぎのスライス、ハムを入れたハムサンド。あとはなんだっけ?……と、もはや中身は、記憶の彼方なのですが、朝、台所のコンロの上で焼かれるその光景がとても好きで、それを見ただけでうれしくなったものでした。どうやら道具好きは、今に始まったことではなかったようです。

娘が小さな頃は、このメーカーでときどき、ホットサンドを作ったものでした。トマトソースにチーズにサラミ。クリームチーズとブルーベリージャム。それからもちろんカレー。ごはんのようでいて、おやつのようでいて、片手でパクリと食べられる手軽さも加わってか、作るととても喜んだメニューのひとつでした。

冷蔵庫にチーズもハムもあることだし、ドライトマトを加えて、明日の朝はひさしぶりに、ホットサンドにしてみようか。ミルクたっぷりのカフェオレとともに。

台所

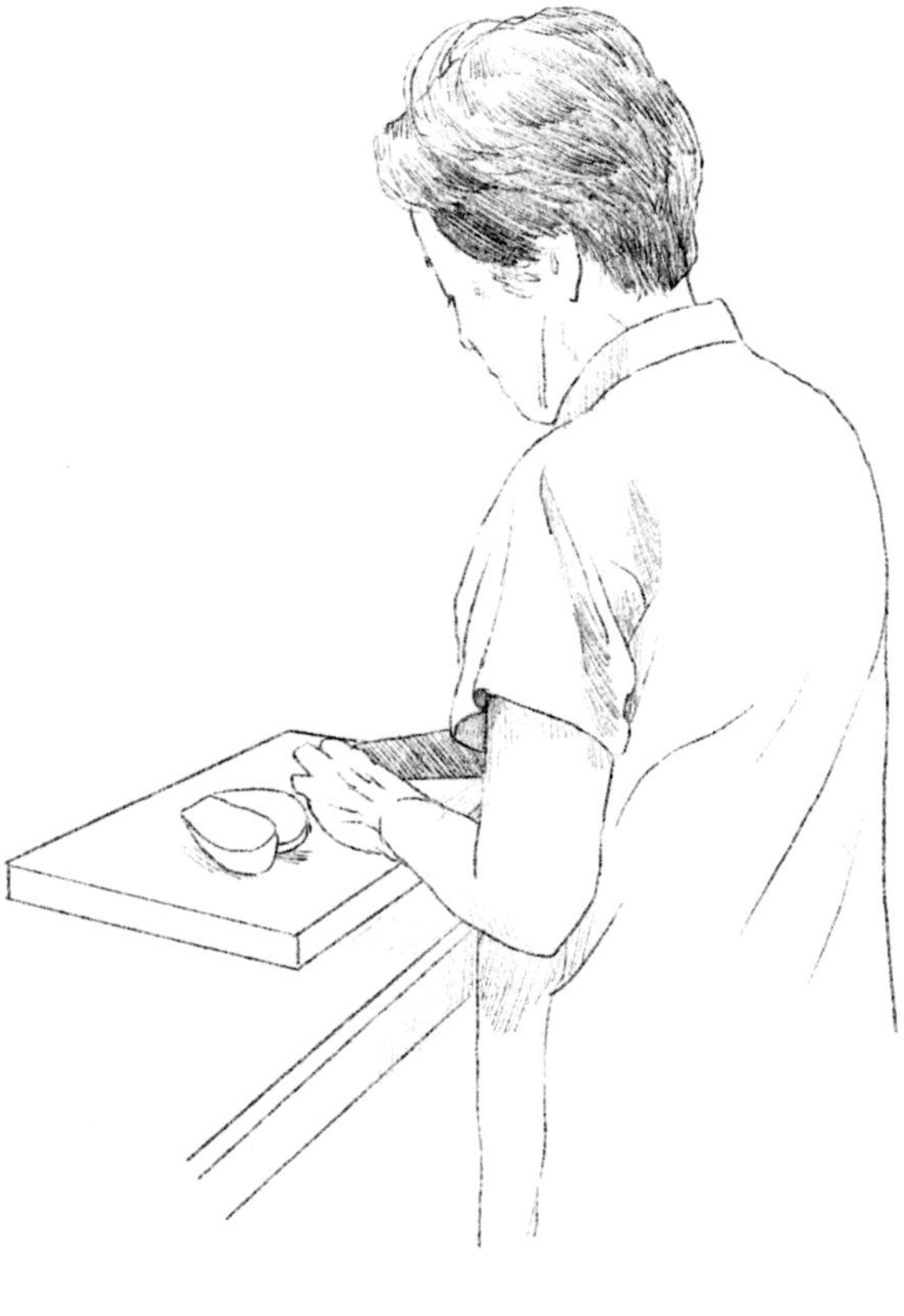

横浜の家は、今も変わらず同じ場所にありますが、私は二十五年ほど前に建て直したときに、実家から独立したので、父や母と過ごした記憶は、今のひとつ前の家、ということになります。

その家の台所の中央には作業台になる赤い折りたたみのテーブルが置いてあって、その上で、餃子を包んだり、クッキーの型抜きの手伝いをしたものでした。

あのテーブルは、建て直すときに捨ててしまったのだろうか。子供の頃のお手伝いの記憶は、なぜだかその赤いテーブルとセットになっているのでした。

赤いテーブルとともに、ときどき思い出すのは、冷たい水が出る、今ではあまり見かけることのない大きな冷蔵庫。

酢飯を冷ますときに使う、どこかの店の名入りのうちわ。

換気扇を切った時のパタン、という音。床拭き用にと母がバケツに作る、水で薄めた漂白剤のにおい。決まった曜日に来る、お肉屋さんの御用聞きのバイクの音……母の味とともに、そんなものがない交ぜになって私の記憶の中にあるのでした。

それはどれも、小さなできごとですが、その小さなことのひとつひとつが積み重なって、今の私の土台になっているような気がしてならないのです。

文庫のあとがき

この本が出版されたのは、今から十四年ほど前のこと。小さかった甥や姪、娘はみんな二十代になり、それぞれの道を歩き始めるようになりました。

母はあの頃、七十代になったばかり。本の中の写真を見ると、母も私も今より若く、時の流れを感じずにはいられません。その間、伊藤家の一番の変化といえば、父が亡くなったことではないでしょうか。大酒呑みの健啖家。性格は豪快で、楽しいことが大好きだった父は、私たち家族にとって大きな存在でした。

亡くなって数年は、ふとしたできごとに父の思い出を重ねてはさみしくなったものですが、五十年近くも連れ添った母とでは、そのさみしさはくらべものにはならないでしょう。

しかし、そこはさすが母。毎日の暮らしの中で、ささやかな楽しみを見つけ、今でも元気に暮らしています。

この本を見ながら、この味を自分のものに……と思っていた私ですが、やっぱり本家本元には到底かなわない。じつは今でも「ミートソース作って」とか「卵焼きが食べたい」などとねだっています。そのたびに母は「しょうがないわねぇ」と言いながらも「いつもの味」をこしらえてくれる。そう、私を育んでくれた味は今でも健在。それはとてもありがたいことだな、と思っています。

文庫本にするにあたり、元の本には載せきれなかった母の味を少しご紹介します。私にとって懐かしい味ばかりですが、子供たちも大好きな味。多くの方に喜んでいただけたら、こんなにうれしいことはありません。

この本は二〇〇六年九月二一日、講談社から刊行されました。文庫化にあたり「その後の母のレシピ」の章を加筆しています。

Special thanks　伊藤靖子

デザイン　若山嘉代子　L'espace
写真　オオダエイジ
イラスト　有山胡春
編集協力　武富葉子
撮影協力　オーボン・ヴュータン

ちくま文庫

母《はは》のレシピノートから

二〇二〇年十月十日　第一刷発行

著　者　伊藤まさこ（いとう・まさこ）
発行者　喜入冬子
発行所　株式会社　筑摩書房
　東京都台東区蔵前二―五―三　〒一一一―八七五五
　電話番号　〇三―五六八七―二六〇一（代表）
装幀者　安野光雅
印刷所　凸版印刷株式会社
製本所　凸版印刷株式会社

ISBN978-4-480-43701-3　C0177